未来领袖摇篮
系列丛书
**WEILAI
LINGXIUYAOLAN**

U0607777

**HARVARD
UNIVERSITY**

林大为 | 编著

哈佛大学
与真理交朋友

HARVARD UNIVERSITAY
Be Friends With Truce

中国出版集团
现代出版社

图书在版编目(CIP)数据

与真理交朋友：哈佛大学 / 林大为编著.—北京：现代出版社，2013.2
（2021.8重印）

（未来领袖摇篮）

ISBN 978-7-5143-1373-4

Ⅰ.①与…　Ⅱ.①林…　Ⅲ.①哈佛大学—青年读物②
哈佛大学—少年读物　Ⅳ.①G649.712.8-49

中国版本图书馆CIP数据核字(2013)第026508号

编　　著	林大为
责任编辑	刘　刚
出版发行	现代出版社
通讯地址	北京市安定门外安华里504号
邮政编码	100011
电　　话	010-64267325 64245264（传真）
网　　址	www.xdcbs.com
电子邮箱	xiandai@cnpitc.com.cn
印　　刷	北京兴星伟业印刷有限公司
开　　本	700mm×1000mm 1/16
印　　张	12
版　　次	2013年2月第1版　2021年8月第3次印刷
书　　号	ISBN 978-7-5143-1373-4
定　　价	32.00元

版权所有，翻印必究；未经许可，不得转载

前 言

QIAN   YAN

　　如今已步入不惑之年，记忆中的一些事情好多都已如烟消云散，不过有一个问题始终萦绕心头，我高中毕业的时候，家里的生活非常艰难，父母为什么还让我读完大学呢？这个问题困扰我已经20年了。终于有一天，我明白了，父母想让我换一种生活方式；他们不希望我沿着他们的生活轨迹前行！

　　古人说："行万里路，读万卷书。"这句话实在深刻！对现代人而言，行万里路易，读万卷书难。科技的车轮正以惊人的速度滚滚向前，终日在电脑和千奇百怪的机器前忙碌的现代人，用电线、光缆、轨道和航线把地球变成一个村落，点击鼠标，我们可以在世界的任何一个角落把自己随意粘贴。好多人已经认为读书没什么用！读书是在浪费生命。于是，面对现代文明，缺少了读大学修炼的底蕴。我们频繁遭遇对面相逢不相识的尴尬，不断地积聚那些源自心底的陌生。为此，我们渴望一种深层的理解，渴望一种心灵的历练，以让脚步和心灵能够行得更远。

　　大学有着上千年文化的厚厚沉积，大学有着上千年文明的跌宕起伏，大学有着上千年社会的沧桑巨变，这足以让你惊叹，让你震撼。大学给你的感觉是那样空灵，那样清新，那样恬静。追昔抚今，历史的长廊仿佛就在眼前。生命却耐不住"逝者如斯夫"的侵蚀，大学生活也是必需的人生

经历。大学的魅力，与其耳闻，不如亲见。大学生活可以弥补我们时间的缺失，增值属于我们的光阴；大学可以把智慧集腋成裘，让我们的生命成就高品质的价值。

在任何一个团体中，总有某一个人充当着核心的角色，他的言行能够被团体认可，并指引着团体的某一些决策和行动。我们可以把这种人所具备的人格魅力称为"领袖气质"。环境是一种氛围，一种智慧，一种"隐性课程"。我国古代有"孟母三迁"的故事，说明环境对人才成长的重要性。

在良好的教育环境中，人才更能轻松愉快、自由主动地去发现、思考和探索，从中获得知识经验，在情感、信念、意志、行为和价值观等方面得到潜移默化的熏陶；成长环境有助于显示今天的行动与明天的结果之间存在的永久联系。在这里，曾经出现过无数的政治、经济、军事、文化等各个行业的领军人物。他们用行动证明：最具实力、特点的学府，才能真正缔造别具一格的人才。

本丛书选了最具代表性的世界名校20所。通过对这些名校的概况、教学特点、培养的名人等的介绍，意在深度挖掘人才成功之路上不为人知的细节，同时剖析名校培养人才的根本原因所在，是一部您一定要读的人生枕边书。

尽管我们付出了诸多辛苦，然而由于时间紧迫和能力所限，书稿错讹之处在所难免。敬请各方面的专家学者和广大读者批评指正。我们不胜感激！

编者

2012年11月

目 录

开 篇　大学是未来领袖的摇篮

　　大学,是社会的良心,是天才的渊薮,是文化与思想的栖息地,也是每一个青少年成为未来领袖的摇篮。每所大学都有独特的文化和性格。一所大学能反映一个城市甚至一个国家的精神气质。大学是今天与未来的桥梁,认识一所大学,可以树立一个梦想;树立一个梦想,可以创造一个人生。

第一章　坚持真理

　　与柏拉图为友,与亚里士多德为友,更要与真理为友。

——哈佛校训

第二章　自信和勇气,一个都不能少

诚实、守信是员工必须具备的美德。

——哈佛学生、微软公司创始人、世界首富比尔·盖茨

第三章　冷静思考,改变世界

善于思索是受过良好教育的人的一个明显标志。

——哈佛大学课程指导书

第四章　确立人生目标，积极进取

实现明天理想的唯一障碍是今天的疑虑。

——哈佛学生、美国第32任总统富兰克林·罗斯福

第五章　把优势化为成功

一诺千金，诚信无价。你要让你的信用代表你。

——哈佛人生哲学的核心理念

开　篇　大学是未来领袖的摇篮

　　大学,是社会的良心,是天才的渊薮,是文化与思想的栖息地,也是每一个青少年成为未来领袖的摇篮。每所大学都有独特的文化和性格。一所大学能反映一个城市甚至一个国家的精神气质。大学是今天与未来的桥梁,认识一所大学,可以树立一个梦想;树立一个梦想,可以创造一个人生。

领袖是怎样炼成的

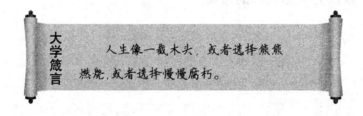

大学箴言　　人生像一截木头，或者选择熊熊燃烧，或者选择慢慢腐朽。

做一个出类拔萃的领袖

要想真正成为一名出类拔萃的领袖，必须在工作、生活各个方面具备过硬的素质。从某种意义上说，领袖必须成为人民的理想楷模。这不仅是指通常所理解的"德"，而且也是指同样重要的"智"。一个真正的领袖必须拥有远大的抱负，拥有异于常人的智慧，超常的适应能力，服务大众的态度和引导舆论的能力。

一个好领袖必是一个好的聆听者，并掌握与人沟通、表情达意的技巧。他充满自信，具有很强的分析能力，亦必毅力过人，并能不断自省以求进。英国首相温斯顿·丘吉尔说过："成功不是终点，失败也并非末日。最重要的是具备勇气，一直前行。"当一个人为实现梦想苦苦追寻的时候，需要这样一种意志和品格。

坚持，是一种信念。无论在国内，还是在国外，要获得最美丽的人生，

要实现自己最大的价值,要能够对社会、对他人有所回报,就要坚持自己的目标和梦想。

坚持,是一种过程。这个世界上,天上掉馅饼的事儿几乎为零,或者没有什么事情是一蹴而就的。在梦想实现之前,需要耐得住寂寞、孤独和暂时的不成功。

坚持,是一种生活方式。学习也好,工作也好,生活也好,都需要用一种坚持的态度去完成。这种生活方式可以磨练自己的意志力。坚持住人生信念,没有什么困难是不可以克服的。

做富有文化底蕴的智者

一个优秀的领袖必然有着深厚的文化底蕴,其实也就是文气。文气是指一个人的内在文化底蕴、外在儒雅气质、文化修养、精神境界的自然显露。大学是保存知识、传播知识、创造知识的殿堂,是培养人才的摇篮,是先进文化的策源地和辐射源。大学领导者作为知识

> 【领袖语录】
>
> 读书时不可有己见;读书后不可无己见。

分子的领袖、楷模和标尺,如果自身没有知识、没有文化、没有学问,即没有所谓的"文气",就不会得到师生的尊重、敬仰和爱戴,就很难引领大学的发展。

修炼文气,须多读书,成为大学者。"腹有诗书气自华"。要养成儒雅的文气,就必须博学多识,不仅学习教育学、心理学、管理学、领导学、经济学等知识,还要多读经典古文、传统诗词、名家名篇,广泛涉猎经济、政治、文化、社会等各方面,学贯中西、通晓古今,努力成为著名学者。纵观做出卓著成绩的校长,他们都是某个学科领域的专家,同时也对人文社会科学知识有深厚的积淀。如北京大学原校长蔡元培是哲学家、美学家,还通晓教育学、心理学、生理学,堪称大学问家。

修炼文气,须多思考,成为思想家。文气的养成是为了提高个人素养,促进工作实践,而思考是学习与行动的桥梁,"学而不思则罔"。思考形成思维,思维产生观念,观念形成思想,思想决定行动。因此,大学领导者必

须学会思考,并多思考。要明了大学的性质,知晓大学的历史,把握大学面对的环境和拥有的资源,把文气的养成与改造思想结合起来,与指导实践结合起来,与解决实际问题结合起来。历史证明,成功的大学领导者,一般都是深邃的思考者。譬如,哈佛大学校长博克曾著《超越象牙塔》,指出现代大学不能回避为社会的进步和国家的利益服务;芝加哥大学校长赫钦斯曾著书《高深学问》,反对功利主义,倡导博雅教育;耶鲁大学校长吉亚麦提曾著《大学和公众利益》,探讨大学的性质和在社会中的作用;加州大学校长克尔曾著《大学的功用》,提出了巨型大学的概念。由于他们对大学有深入的思考,不随波逐流,从而把大学办出了特色,推上了新台阶。

修炼文气,须多谋划,成为谋略家。大学领导者是学校的规划设计者,历史上有卓越成就的大学领导者都是优秀的谋略大师。卡迪夫大学前任校长史密斯爵士曾说过,作为领导者,他必须将四分之三的时间花在思考学校方向和战略上,他认为,"校长就是要将自己的办学战略和价值理念传播出去,让学校所有员工接受,然后选择合适的人去实现这些策略。"中国的大学校长都曾经或正在谋划制定"大学发展战略规划、大学学科和师资队伍建设规划、大学校园发展规划",引领大学的发展和振兴。事实证明,大学领导者只有经常围绕"建设一个什么样的大学,怎样建设这样的大学"的问题潜心思考,精心谋划,才能认准大学发展的根本方向,不至于随着各种思潮的冲击而左右摇摆。

> **【领袖语录】**
> 所谓年轻的心,就是总有一扇门敞开着,等待未来闯进。

浩然正气的力量

一个优秀的领袖还必须有正气。孟子曰:"吾善养吾浩然之气。"文天祥说:"天地有正气,杂然赋流形。下则为河岳,上则为日星。于人曰浩然,沛乎塞苍冥。"对大学领导者来说,正气就是不媚俗,能引领社会发展潮流。

　　修炼正气,须不媚俗。大学既要防止"滞后于社会"的弊端,但又不简单地"迎合时尚"。这就要求大学领导者的办学理念和行为方式必须因时而变,成为"对现在和未来都会产生影响的一种力量"。但这种适度而明智的变化不是无原则、无限度的,必须是"根据需求、事实和理想所做的变化"。罗伯特·M·赫钦斯在《学习社会》一书中直言不讳地追问:"大学究竟是为社会服务还是批评社会?是依附于社会还是独立于社会?是一面镜子还是一座灯塔?是迎合眼前的实际需要,还是传播及光大高深文化?"这些都需要我们深思。

　　有几个充分表明大学校长不媚俗的例子:1986年哈佛大学校庆,当时的美国总统里根希望获得哈佛大学名誉博士的称号,但哈佛大学校长德雷克·博克予以拒绝:"里根可以成为美国总统,但他难以获得哈佛的博士学位,因为这是学术称号。"人们称之为"两个President之争"。基辛格从国务卿岗位上卸任并退出政坛后,很想回到哈佛大学工作,但被哈佛大学校长婉言谢绝:"基辛格是个学识渊博的人。如果论私交,我和他的关系也不坏。但我要的是教授,不是不上课的大人物。"1957年北大校长马寅初在最高国务会议上提出他的"新人口论",受到当时权威的批判,但他说:"我决不向专以力压服,不以理说服的那种批判者们投降。"尽管他被迫辞去北京大学校长职务,全国人大常委之职也被罢免,公众的心中却并未消失,马老正直的身影和铿锵之声;历史证明,马寅初不媚俗,不迷信权威,他掌握了真理。

　　修炼正气,须能引领。大学不应脱离社会、孤芳自赏,而应当"与社会保持接触",并"以自己的实力和声望"对科学和重大而紧迫的社会问题、社会现象进行研究,从而对社会可能采取的行动与对策产生影响。赫钦斯说:"大学是一个瞭望塔。"在改革社会中应发挥积极的作用,成为承担公共服务的必不可少的工具,应不惜一切代价加强各种创造性的活动,引领社会前进。普林斯顿大学原校长弗莱克斯纳认为:大学必须经常给予学生一些东西,这些东西并不是社会所想要的(want),而是社会所需要的(needs)。不管社会如何变化,在任何情况下,大学都有对于知识和思想保存的责任,能不断引领社会发展,而不是一味地适应社会。因此,大学领导者应有能力通过引领大学发展来引领社会发展。

底气是做人之本

一个优秀的领袖还必须有底气。底气是做人之根本、根基、根源。底气足,才有真本钱,才有发言权,才有凝聚力和号召力。底气的表现形式就是说话的分量、

【领袖语录】

不要把知识与智慧混淆,知识告诉你怎样生存,智慧告诉你如何生活。

人格的魅力、个人的影响力,就是群众的归属感、信任感和敬仰感。作为大学领导者,必须要有充足的底气。有了充足的底气,才能确立威信,促进事业的兴旺发达,实现大学的价值。充足的底气需要磨练和积累,需要全身心地培育和修炼。

修炼底气,须立大志。底气源于理想和信念。理想和信念是大学领导者的基本内在修养。大学最根本的社会功能就是储存、创造和传递人类文明。大学要创造新的人类文明就要为了真理而追求真理。追求真理本身就是目的,因此,它天然地反对功利主义。大学还要负载价值,守望社会精神文明,给人类以极大关怀。因此大学领导者要树立追求真理、献身真理的大志向。要坚信我们所从事的事业是正义的事业,是伟大的事业,责任崇高而神圣,任务光荣而艰巨。

修炼底气,须善实践。能力是底气的表现。大学领导者在专业上要做专家,管理上要做行家,必须勤于实践善于实践。以华中科技大学历任领导者为例,他们都是善于实践的典范。朱九思提出"敢于竞争,善于转化","科研要走在教学的前面",大力加强科学研究;杨叔子坚持"高筑墙,广积人",大力加强师资队伍建设;周济实践"以服务求支持,以贡献求发展",大力发展社会服务等。正是历届领导者励精图治,实践创新,硬是把一所名不见经传的大学建设成了一所国内外知名的大学。由此可见,大学领导者应该是实践者。他不一定是管理学科的专家,但深谙教育管理之道,善于行政管理,精于用人之道,具有解决和处理各类大学矛盾的能力。

他不一定是专门的政治家,但能够把握大学正确的发展方向,提出适合大学长远发展的办学思想与理念,用先进的办学指导思想推进大学的建设、改革与发展。

修炼底气,须敢成功。成功的大学,领导者会更有底气,有底气的领导者会把大学引向更加成功的境地。正是由于哈佛校长艾略特、劳威尔、柯南特、博克等人成功地将哈佛引向了成功,才使哈佛大学更有了底气;也正是哈佛大学的不断成功,才使哈佛大学的校长更有底气,从而进一步引领大学从胜利走向新的胜利。

大气是一种智慧

一个优秀的领袖还必须有大气。大气,就是大气度、大胸怀、大气魄,大爱心。大学应该有大气。江泽民同志在北大百年校庆时讲:"大学,应该是培养和造就高素质的创造性人才的摇篮,应该是认识未知世界、探求客观真理、为人类解决面临的重大课题提供科学依据的前沿,应该是知识创新、推动科学技术成果向现实生产力转化的重要力量,应该是民族优秀文化与世界先进文明成果交流借鉴的桥梁。"完成这一使命,"大学的党委书记和校长,应该成为社会主义政治家、教育家。"因此,大学领导者应该有大气。

修炼大气,须有大视野。大学之大,根本取决于它的两大直接产品:学术和学生,以及铸成这两大产品的模具:学者、学长和学风。因此大学之大,乃在于学术之大、学生之大、学者之大、学长之大、学风之大。大学领导者要有宽广的视野、开放的精神,兼容并蓄,善于从复杂的现象中看到事物运动的基本态势,抓住基本规律,从眼前的利害中超越出来,突破经验的束缚,对社会需求进行全局的、客观的把握,穿透眼前,看到长远。大学发展的历程证明,大学领导者的视野往往决定大学的发展。纽曼的传统大学观把大学看作是"一个居住僧侣的村庄",弗莱克斯纳的现代大学观把大学看作是一个城镇,而克拉克·克尔的多元化巨型大学观则把大学看作是"一座充满无穷变化的城市"。可见领导者的视野决定大学的视野。哈佛大学校长萨默斯以国际视野改革大学教育，强调哈佛新课程改革要给本科生更多的到国外学习的机会。

修炼大气，须有大胸怀。"一个人胸怀有多大，才能做多大的事业。"大学具有天然的包容性：首先是学科包容。大学包容了传统基础学科，还包容了跨学科、边缘学科和应用学科，甚至为那些已经乏人问津的学科以及尚未获得广泛承认的学科与知识领域留有一席之地。其次是学者包容。大学包容各种各样的学者和学生，甚至为个别行为、个性和思想方法奇特的学者创造宽松环境，使他们按自己的习惯从事活动。再次是学术包容，即包容学术上的各种不同见解。因此，大学领导者在办学理念上，要有开放意识和世界眼光，以昂扬的气势迎接各种挑战，以仁厚的情感容纳学生，以宽容的精神对待学术，以谦虚的心灵接纳新知识；要在选用人才上，有"海纳百川"的大气，以开放的胸怀招揽人才，以宽广的眼光选用人才；在具体工作上，要有团结友爱的胸怀、互以对方为重的风格，要搞五湖四海，不搞小圈子，做到坦坦荡荡、光明磊落，容人、容事、容言。如果说大楼、大师是大学的硬件，大气则是软件，软件与硬件同样重

【领袖语录】

气不和时少说话，有言必失；心不顺时莫做事，做事必败。

要。在一定意义上，甚至可以说软件比硬件更重要。1953年出生的安德鲁·怀尔斯，10岁时对世界难题费马大定理着了迷，于是立志搞数学。他32岁成了普林斯顿大学教授后好像突然消失了，学术会议不参加了，论文也没有，有人说他江郎才尽了，有人说应该解聘他，但普林斯顿大学校长不为所动，仍然聘他为教授，表现出了大学的大爱，终于在9年后的1994年，安德鲁·怀尔斯破解了费尔马大定理，轰动世界，也使普林斯顿大学声名远扬。

修炼大气，须有大手笔。有了大手笔，才会有大发展。大手笔，要有大气魄，要有超越、怀疑、批判精神。要超越各种形式的禁锢和守旧观念，挑战各种历史理论和权威，深刻批判与反思，进行前提性追问、主体创造与建构。正是因为洪堡的大手笔才使柏林大学得以振兴，成为研究型大学的

与真理交朋友

【领袖语录】

遭遇鄙视是因为你对别人有威胁，或者有价值，是值得欣慰的。

楷模，从而使大学具有科学研究的职能；正是范海斯的大手笔，提出"威斯康星州的边界就是威斯康星大学的边界"，才使美国大学得以崛起，从而使社会服务成为大学的第三大职能；也正是蔡元培的大手笔改造旧北京大学，才使北京大学焕发出新的青春活力，成为真正意义上的现代大学。大学领导者要有大手笔，就要敢于有所为，有所不为，有所舍弃，敢于砍掉不适合自己学校发展的东西；有所为，有所先为，有所后为，敢于在自己的位置上创新、创造不可替代的业绩。

锐利的士气

一个优秀的领袖还必须有锐气。《淮南子·时则训》所说的"锐而不挫"，彰显的是不畏困难和挫折的精锐士气。锐气就是要有一股子劲，始终保持一种向上的进取姿态，保持高昂的工作热情和工作韧劲。锐气就是在成绩面前不忘乎所以，在困难面前不灰心丧气，不断适应新形势，研究新情况，解决新问题，做到"苟日新，又日新，日日新"。有锐气，才能有所作为，有所建树。

修炼锐气，须讲批判。大学是知识传递与生产的场所，是新思想的重要发源地。不论是知识的传递与生产，还是真理的探求，都应该建立在大学批判责任基础之上。德国社会学家海因兹·迪特里奇尖锐地指出："今天的大学是一些被阉割了的机构，大学教育脱离大多数人的生活现实，研究质量低下，教育道德沦丧。"作为大学领导者要弘扬大学的批判责任，鼓励和支持大学继续扮演那种绝对真理、社会公正和道德良心守护神的角色。

修炼锐气，须讲创新。加拿大阿尔伯塔大学校长罗德里克·德·弗雷泽认为，大学领导者的主要职责有三项：第一，吸引最好的学生到学校读书；第二，吸引最好的教职员工到学校工作；第三，为教职工、学生提供足够的资源，营造积极的氛围，使师生能够有效地学习、创造性地开展学术与科研工作,保证他们发挥最大潜力。大学要做好这些工作,没有具备创新意识和创新能力的领导者是不行的。创新是大学保持生命力的关键所在。历史证明,不满足于现状,勇于改革和创新是优秀大学领导者共同的特征之一。哈佛大学原校长劳威尔说在他任校长的 24 年里,有四大创新:一是设立主攻课和基础课制度,二是设立住宿学院制度,三是设立导师制度,四是设立荣誉学位制度。这些都为哈佛大学的进一步发展奠定了基础。

　　修炼锐气,须养个性。牛津大学原校长纽曼是一个有个性的校长。他认为:大学是传播普遍性知识的场所。知识本身即目的。教育是理智的训练。大学是为传授知识而设的,"如果大学是为了研究,我不知道大学为什么要那么多学生"。他的个性造就了牛津大学的辉煌。柏林大学原校长洪堡认为,大学的基本组织原则就是两条:自由和宁静,教师和学生为科学而共处,自由地进行各种学术上的探讨。他的个性使柏林大学很快崛起。威斯康星大学原校长范海斯认为,大学的基本

【领袖语录】
　　没有人可以打倒你,打倒你的只有你自己。

任务是把学生培养成有知识、能工作的公民;进行科学研究,发展创造新文化、新知识;传播知识,把知识传授给广大民众,使他们能够运用知识解决经济、生产、生活、政治等方面的问题。这种理念引领大学走出了古典大学的围墙,使大学获得了新的生命。曾经被毛泽东评价为"学界泰斗,人世楷模"的蔡元培,不仅提出了"囊括大典、网罗众家,思想自由、兼容并包"的著名办学方针,铸就了"北大精神",更重要的是,他具有"外和内介、守正不阿,勇于任事、敢于负责,宽容大度、民主平等,严于律己、廉洁奉公"的个性,改造北大,铸就了北大的辉煌。

领袖素质　　远大的理想。纵观历史中的领袖都有远大的抱负,所谓吞吐天地之志。拥有这样的理想才能塑造其人格魅力。人们追随他,绝不仅仅因为他长得帅,而是因为他能带给人们希望,给人们一个远大而美好的憧憬。

大学在青少年成才中的作用

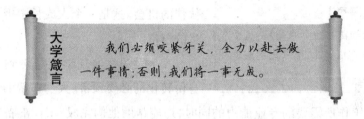

大学箴言

我们必须咬紧牙关，全力以赴去做一件事情；否则，我们将一事无成。

做一个知书达礼的人

大学可以让我们自我发展与完善，大学不仅能帮助学生"读书明理"，更能帮助学生提升修养、品质、智慧。大学教育对于年轻人形成人生观、社会价值观，对于发现和理解生命的意义和人的社会价值有极大的作用。大学是人们的精神家园。

青少年作为明日的社会精英，在大学期间除了读好本科课程外，亦应把握所有机会与同窗多交流，多沟通，以培养人际沟通技巧，学习聆听，也多表达意见。这些同侪间的互动、不断的切磋砥砺，对于培养个人自信心、提高分析和自省能力都有莫大裨益。

大学在现代已经逐渐发展成高等教育系统，由各种类型的高校组成，不同类型的高校的社会职能与社会定位、人才培养目标、对学生的要求、教育教学模式各不相同。就读不同的高校通常与不同的职业生涯发展有着较为密切的联系。选择大学,应当是个人对大学意义与价值和自身发展设想充分认识基础上的理性判断。从一般意义上讲,今天的大学至少能为学习者提供以下服务。

——大学是探究未知世界的场所。具有好奇心的年轻人与致力于探究未知世界的教师结成共同体,大家志同道合,在满足好奇中推动人的发展和社会发展。这样的职能是其他社会机构无法替代的。

——大学是年轻人交往的地方。大学把四面八方、有着各种文化背景、生活体验与经历的学生汇集起来,让年轻人相互交往并且相互学习,为每一个学习者提供发现不同的交往伙伴的机会。这是一个人成长中极为宝贵的财富。

【领袖语录】
信仰比知识更难动摇;热爱比尊重更难变易;仇恨比厌恶更加持久。

——大学是实现学生身份到工作身份转化的必要预备。大学在帮助学生形成工作所需要的专业能力的同时,还应帮助他们完成"工作准备",形成个人就业的"配置能力"(个人在就业市场上发现机会、自我判断、抓住机会实现就业的能力)。大学对学生在心理、文化、人际交往、专业等方面的训练,正是为了能有这样的"配置能力"。这是推动学生转型为"职业人"的社会化过程。

——大学帮助年轻人获得安身立命的专业能力。高等教育往往决定多数人终身的专业方向和职业领域,它帮助学生形成专业化的劳动能力,在今天这样分工高度专业化的社会,专业教育具有关键作用。

做适应社会需要的人

现代大学将越来越难以提供人们曾经期待的那种"社会地位配置"作用,而"回归"教育机构的本质。所以,大学生要认真把握大学能提供什么和自己需要什么,在大学里努力提升综合素质和专业能力,给自己的未来加注尽可能多的"能源"。

哈佛大学
HA FO DA XUE

　　随着世界格局的变化,特别是东西方阵营的瓦解和各国发展模式的调整。原有政治主导或经济主导的状况相应改变。大学的普及成为影响青少年发展的重要因素,也引起青少年组织与社团的高度重视。大学为青少年学习提供动力的同时,为青少年组织与社团开展各种服务、活动、教育提供了机遇。

领袖素质

　　超常的适应能力。领袖的路并不一定是一帆风顺的。有前呼后拥的壮观场面,也有独自一人的低谷阶段。能够适应时局的起落变化,不被挫折打倒,不被胜利冲昏头脑是领袖的生存之道。

伟人的性格特点

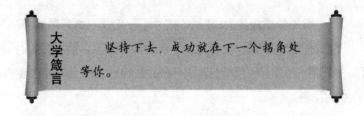

大学箴言 坚持下去,成功就在下一个拐角处等你。

非智力因素的作用

现代心理学研究表明,一个人的非智力因素(性格是其中一个重要方面)在一个人的成才中占有十分重要的作用。一个人具有优良而成熟的性格就能最大限度地发挥自己的精神力量,并能与环境中的他人建立和谐良好的关系。一个人的性格还是其自身品德、世界观的具体标志,是其精神面貌的综合反映和集中体现。

有人对享有盛誉、成就卓著的领导人的性格进行了研究,发现他们共同的性格特征是:实际、客观、求善、创新、坦诚、结交、爱生命、重荣誉、能包容、富有幽默感、悦己信人。这些性格特征是他们造福于人类的信仰的体现,对支持他们始终如一地为实现信仰而奋斗起了重大作用。

美国心理学家台尔曼对150名事业有成人士进行研究,发现性格因素与他们的成功有着密切关系。他们往往具有以下共同性格特征:第一,为取得成功的坚持力;第二,善于积累成果;第三,自信心强;第四,不自卑。考克斯对 1450 年至 1850 年 400 年间所出现的 301 位伟人进行研究,发现他们都有以下优秀性格特征:自信、坚强、进取、百折不挠等。

在社会实践中,对不同职业者还有不同的职业性格要求。例如,做医生要有严谨、认真、细心、安定的性格;做企业家要有独立、进取、坚强、开放、灵敏等性格;而作为军人就要有勇敢、坚强、果断、自制、机智等性格。不具备相应的职业性格特征的人,往往难称其职。

在日常生活和人际交往中,热情、真诚、友善的人受欢迎,生活也幸福;冷漠、虚伪、孤僻、不负责任的人受冷落,生活也多有不幸。

信念的作用

信念,是一种心理因素。信念领导力是战胜挫折、赢得机遇的前提,也是切实的方法。自信的人首先忠诚于自己的信念,这种信念融入你的言行、举止,让你的举手投足都在辅助你的语言所表达的信息,因而让人们相信你的能力和人格。作为一个领导者,信念坚定是战胜工作中的困难,力排干扰,把握时局,打开局面,果断决策和树立领导威望的一个重要的心理优势。

有了信念,才能以最佳心态开展工作、履行职责;有了信念,才能以饱满热情开创事业、完成使命。运动员在赛场比赛,要争得第一,争得一流,不可没有信念;求职者在人才市场应聘,要技压群芳,求得赏识,不可没有信念。一名领导干部,无论是作竞职演讲,还是就职表态,必须保持良好的心理素质和精神状态,以坚定的口气、热情的态度、积极的表现来赢得上级和群众的支持。

自信是一种认识和态度

自信是一种认识和态度,也通过人的风格来表现。美国形象设计大师鲍尔说:"成功男人的风格反映在外表,而优雅来自内在,它是你的自信及对自己的满意,它通过你的外表、举止、微笑展示。"自信并不一定是天生具有的,它可以通过后天的培养而产生。如果你在生活中认真观察,你会发现这种自信是有感染力的。

　　心理学家发现,外向的性格和信念是吸引和保持朋友的重要原因。由于自信,朋友和同事愿意跟随着你,上司也会对自信的人高看一眼。因为你具有自信的气势,让别人相信你能把任何事都变成现实。然而信念却不一定需要用语言来表达,它通过你的神态、语气、姿势、仪态等等,无声无息地、由里向外地散发着魅力。

领袖素质

　　服务大众的态度。领袖并不一定要用暴力主宰一切,事实上暴力统治一般不能长久。长久的领导艺术需要懂得如何服务大众,满足大众。

大学为伟人提供了成才的环境

大学箴言

所谓人才,就是你交给他一件事情,他做成了;你再交给他一件事情,他又做成了。

环境对人的心理和行为具有普遍制约作用。系统论认为,环境是第一个在系统周围能够广泛产生作用的场所和条件。人的心理机能是对环境的长期适应的结果,人的心理和行为取决于当前的刺激、个性特征、整个环境及特征。同时,环境与人的心理和行为是相互作用的,这种关系不仅表现在人类生存的自然环境与人的心理与行为的相互作用,也表现在社会环境与人的心理和行为的相互作用,环境对人的心理、行为产生普遍的制约作用,人的心理、行为又导致环境的改变。

心理学家考夫卡在其《格式塔心理学原理》一书中提出环境分为现实的地理环境与个人意想中的行为环境,他认为行为产生于行为环境,受行为环境的调节。另一位心理学家勒温在《拓扑心理学原理》一书中提出

动力场理论,该理论中的生活空间是指人的行为,也就是人和环境的交互作用。勒温所指的环境是指心理环境,是与人的需求相结合在人脑中实际发生影响的环境,由于人的需求的作用,使生活空间产生了动力,勒温称为引力或斥力。由于生活空间具有的动力,人的行为就沿着引力的方向向心理对象移动。

大学为伟人们提供了一个"宽松"与"紧张"适度平衡的环境。大学的环境往往会创造出一种特有的氛围。耶鲁大学模仿英国牛津大学和剑桥大学的模式,从 20 世纪 30 年代开始实行的"住宿学院"制沿袭至今,每个"住宿学院"有 300 ~ 500 名本科生,男女比例对等,配有院长和学监各 1 名。12 个"住宿学院"拥有自己的餐厅、客厅、庭院、图书馆、娱乐室等。学校希冀借此使其学生所受的教育不仅仅局限于课堂知识,而且注重在起居社交时学到做人的道理,并从中获得终身的友谊。

列别捷夫曾说,"平静的湖面,炼不出精悍的水手;安逸的环境,造不出时代的伟人。"在这个高等教育良莠不齐的时代,一所真正的一流大学所能为国家和民族乃至整个社会做出的贡献是不可估量的。

领袖素质　　　引导舆论的能力。不得不承认,所有的领袖都要有非常好的口才。他必须时刻掌握舆论导向,让思想意识统一在自己的领导方向上。在管理学中,领袖是人际角色中的一类,有着激励和指导团队成员的责任。

第一章　坚持真理

与柏拉图为友，与亚里士多德为友，更要与真理为友。

Amicus Plao，Amicus Arlstotle，Sed Mag is Amicus Verltas.（拉丁文）

Let Plato be your friend，and Aristotle，but more let your friend be Truth. （英文）

——哈佛校训

威廉姆斯·艾米思（Williams Ames）的名言

第一课　最有价值的一堂课

哈佛名言

> 作为真理的寻求者和传播者，一个首要因素是：诚实和正直。

什么是真理？每一个国家、民族对这个词汇都有不同的理解。在哈佛大学，它被赋予的含义是："真相、诚实和正直。"

"真相"，即弄清事物的真相和向世界提供真实情况，而不是生活在虚假和欺骗中；

"诚实"，即对自己诚实，对他人诚实，不自欺欺人；

"正直"，即正直地做人，正直地做事，不为一时之利降低自己的人格。

早在1636年哈佛大学初创时，"真理"便成为它的核心价值观，它的灵魂。哈佛大学最早的校训是："让柏拉图与你为友，让亚里士多德与你为友，但最重要的是，让真理与你为友。"它体现了哈佛的立校兴学宗旨——求是

【名人有话说】

美国著名作家爱德华·黑尔说："有一句话永远铭刻在我的心里，就是'真理的殿堂里没有虚假'。这是我在哈佛大学学习的4年时间里对我影响最大的一句话，是它使我走向了成功，使我赢得了荣誉和尊敬。"

崇真;它强调作为一个高尚的人,在气质、操行、品德、治学方面都应坚持真理,力争在事业和品行两方面都成为时代楷模。

在哈佛大学成立200周年之际,也就是1836年,哈佛校训简化为:"让真理与你为友。"它被镌刻在哈佛校徽上,沿用至今。它一直被哈佛大学一代又一代继承者们奉为金科玉律。

1933年,当科南特出任哈佛大学校长时,更明确地指出:"如果我们试图用一句话来概括高等教育的目标的话,那么最好的概括就是寻求真理……这也一直是大学的主要任务;直接运用知识只是大学的次要任务。"

那么,谁来完成寻求真理的任务呢?这当然需要依赖优秀的人。为此,哈佛大学选择最优秀的教师和学生作为自己的成员。

在哈佛大学,流传着一个关于本杰明·皮尔斯的故事:皮尔斯是一位著名的经济学家和一个学识渊博、品格正直、作风严谨的老先生。他每次上课,总是穿着笔挺的西装,一头白发总是梳理得很整齐。但他的授课风格并不古板,时常穿插一些幽默的小故事,将学生们逗得哈哈大笑。大家都亲切地称他为"和蔼的老头"、"幽默的老头"、"有教养的

皮尔斯",因为从没有人见他发过脾气。

有一次,皮尔斯在课堂上给学生出了一道考题,要求当堂交卷。有一个学生抄袭了以前的作业。皮尔斯发现后,当即宣布:这节商业数学课立刻停止,改为修养课。他站在讲台上,脸色苍白地说:"一定要诚实。我们来到哈佛的目的是为了追求真理,虽然通往真理的道路困难重重,但是只要诚实、认真、严肃地对待问题,你就有机会发现真理。如果有些同学在这里弄虚作假,他就永远也没有机会看到真理的光芒。请大家相信,真理的殿堂里没有虚假。"

皮尔斯站在讲台上,足足讲了20分钟。他的每一句话都震撼着同学们的心灵。当他讲完时,那位作弊的学生站起来,走到皮尔斯面前,深深地鞠了一躬,然后又惭愧又激动地说:"皮尔斯先生,谢谢您!这是我有生以来听到的最有价值的一堂课。您教会了我怎样做人。"

教室里响起了雷鸣般的掌声。所有的同学都从座位上站起来,向皮尔斯深深地鞠躬,向他表示感谢,因为他的演讲使每位同学都知道了一条做人做事的准则。这条准则对他们日后的人生非常重要。

哈佛小百科

在哈佛大学的正门上以及建筑物上,随处可见"真理"二字。它的正门上还刻了一句话:"真理之门只会向那些正直的民族开放。"的确,在任何国家,大学都是敏锐反映本国历史和特性的一面可靠的镜子。1869年,当年仅35岁的化学家艾略特出任哈佛大学校长时,提出了一个新的目标:"我们要在这里稳步建立一所最伟大的大学。"他指出,这所大学是植根于美国社会和政治传统而逐渐地自然地生成的硕果。它将是美国享有优良教育阶层的高尚目的和崇高理想的表现;它是富有开拓精神的,因而是举世无双的。

第二课　一句波兰谚语

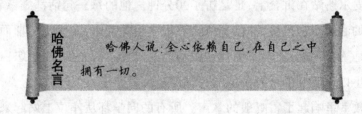

哈佛名言

　　哈佛人说：全心依赖自己，在自己之中拥有一切。

　　任何一件事情，都有两个以上的观点存在。为什么呢？因为我们很难完全看清这件事情的全貌，只能从某个角度看到部分真相。看待问题的角度不同，就会形成不同的观点，也会存在观点冲突。为了获得真知，为了做对事情，有必要多听听别人的意见，这样就可以对事情真相了解得更多。

　　但是，完全听从别人的观点，没有自己的主见，就会无所适从，失去自己。所以，既要在别人的观点中博采众长，也要相信自己的眼光和判断。世上没有绝对的东西，每一件事也因个人衡量的标准、立场不同，而改变其价值。因此，要善于利用自己的双眼，别人的判断并不能代表你的思想。

　　波兰有句谚语："自己的一只眼睛，胜过别人的一双眼睛。"这句话的意思是：以自己的眼睛，去确定事实真相。

　　除了依赖眼睛之外，还要善用头脑。任何一件事都要经过判断才做出结论，而不能人云亦云。

做任何事情,每个人都会按自己认为正确的方式去做。但这样做到底是否真的正确呢?有时很难判断。因为真理往往会在假象中蒙尘,很难一目了然。那么,我们是否应该等到完全确认这件事情的正确性之后再去做呢?当然不行。真理要靠行动发掘,一定要等到完全正确后再去做,我们将止步于探求真理的途中。对此,哈佛人的观点是:在从事自己认为有价值的事时,假如没有确实的证据证明它是错的,就不妨假设它是对的,并勇往直前。要全心相信自己所做事情的价值,即使受到阻挠和诽谤,也不改变信念。只有这样,才能完成伟业。

奥本海默一直以来都是哈佛人的骄傲,因为他是研制世界上第一颗原子弹的主持人。那是在1942年,奥本海默负责了整个"曼哈顿工程",为美国制造原子弹。制造原子弹对整个人类来说也是一件开天辟地的大事,因此也就意味着这件事没有任何成功的经验可以借鉴。很多人认为这项工作不可能完成;还有很多人认为,假如原子弹研制成功,对人类将是一个灾难。

但是,奥本海默坚信自己工作的价值,坚信自己想努力达成的一切是对的,因为他知道德国人正在加紧研制原子弹。核武器一旦被恶魔希特勒首先掌握,后果将不堪设想。所以,奥本海默下定决心,一定要在德国人之前把原子弹制造出来。他知道,可能也会有人因此诅咒他。他毕竟是在领导着制造人类历史上第一个能使人类毁灭的武器。但他确信自己所做的事是对的,是为整个人类服务的。这个事实给了他无穷的力量。他对所有关于原子弹的消极论调一概置之不理,以极大的热情,全身心投入到这项史无前例的艰巨工作中。

为了早日获得成功,奥本海默不仅自己努力工作,还热情地激励他的每一位同事。他认为,必须依靠广大科学家的集体智慧才能完成这项划时代的工作。他每周组织一次学术讨论会,鼓励

【成功点拨】

我们应该注意,"相信自己所做事情的正确",并不是盲目的自以为是。正确与否,源于对某些事实所做的判断。

【名人这样说】

在生活中，只要我们确信自己所做的事对公众有利而不仅仅是对自己有利，那么，我们就可以大胆地相信自己所做的是一件极具价值的事，并且勇往直前。

每位科学家畅所欲言、献计献策。

后来，他的同事回忆说："奥本海默也许是我见过的最好的实验室主任，因为他头脑十分灵活，因为他成功地了解实验室几乎每一项重要的发明，也因为他对别人的心理有很不寻常的洞察力，这一点在物理学家中是很少见的。人人都肯定感到，奥本海默关心每一个人的工作。他善于挖掘每一个人的内在潜力，善于鼓舞人。他和人谈话时，总要使对方明白，你的工作对整个工程的成功来说是重要的。我们不记得在洛斯阿拉莫斯时他对谁不好，虽然战前和战后他常同别人闹别扭。在洛斯阿拉莫斯时他没有使任何人感到自卑，一个也没有。"成功属于那些对自己的事业充满狂热和具有坚定信念的人。可以说正是这种坚强的意志造就了奥本海默的成功。终于，1945年，原子弹面世了。可以看不到事实的全部，但绝不能完全背离事实，尤其是某些核心事实。这并不是说我们应该以眼前得失作为判断依据。恰恰相反，为了事业成功，我们应该为了长远之得而承受眼前之失。

亨利·福特为了坚持自己认为正确的事，曾跟他的同事们进行过一场激烈的辩论。那时候，福特汽车公司生产出了价廉物美的T型车，当年即售出1000多辆，形势似乎一派大好。没想到，年底时结算，利润几乎全被成本冲销了，根本没有赚到钱。

这是什么原因呢？

原来，为了让T型车更加完美，公司每装配成一部汽车，亨利·福特都要求对各种机件的结构、功能做详细检查和试验，然后再绘出几种另外的图样进行研究比较。如果认为原有的机件不好,就在下一部汽车中加以改进。如此一来,几乎每辆车的零件都不完全相同,无法批量生产,成本自然偏高。为此,在公司董事会上,福特遭到以柯金斯为首的股东们的责难。他们认为,照这样做是不可能赚到钱的。

福特耐心解释说,现在是不赚钱,将来的"钱途"却妙不可言。

柯金斯说:"有一个事实,你可能没有注意到,福特先生!汽车零件的型式不固定,一天一变。请问,买我们汽车的人,如果零件坏了,要换一个新的,你拿什么给人家?"

福特说:"只好替顾客照原样造一个。"

柯金斯冷笑说:"你不觉得这违反常识吗?这样做,成本将高得让我们无法承受。"

福特解释,这是因为目前的汽车零件还不够理想,只有不断改进才能使之完善,到那时零件就可以定型了,成本也会随之降低。

在福特的坚持下,公司决策层终于达成共识,全力支持T型车的开发和生产。几年后,近乎完美的T型车终于问世。它就像一阵旋风似的,立即畅销全美国;福特公司也由此争得汽车行业的霸主地位。

哈佛小百科

　　在美国马萨诸塞州的坎布里奇,享誉全球的美国王牌学府——哈佛大学就在这里。她先后诞生了8位美国总统、40位诺贝尔奖得主和30位普利策奖得主。她的一举一动决定着美国的社会发展和经济的走向,尤其是哈佛商学院案例教学盛名远播。培养出了微软、IBM等一个个商业奇迹的缔造者。她的燕京学社倾力于中美文化的交流。比如沟通中美两国关系的基辛格博士,奠基了中国近代人文和自然学科的林语堂、竺可桢、梁实秋、梁思成等都曾经在这所世界最著名的高等学府学习,并且最终走向社会。

第三课　倾听真实情况

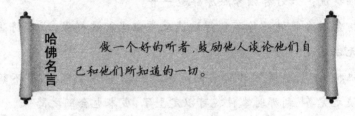

哈佛名言　做一个好的听者,鼓励他人谈论他们自己和他们所知道的一切。

我们了解世界、了解他人、了解事情的真相,不能只靠自己的眼睛,我们还应该用耳朵从他人那里了解我们无法看到的事物,以避免认识的偏差;我们解释世界、评价他人和评估事情,不能只靠自己的嘴巴,我们还应该用耳朵从他人那里获得不同的想法,以避免主观偏见。

倾听能给我们带来很多好处。

其一,能听到事情的真相。有时候,我们过于相信自己的眼睛,认为"眼见为实",这可能使我们陷入主观臆断的误区。因为眼睛有时只能看到表面现象,但对一个以真理为友的人来说,我们却应该透过表象看真相。

史密斯是一位毕业于哈佛的高级主管。他发现汤姆最近表现失常,工作时无精打采,业绩持续下降。但是,史密斯没有急于对汤姆做出"懒惰不负责任"的评价。他把汤姆请到办公室,问他:"你一向对自己的工作都很在意,从来不是一个马虎的人。但最近你好像很不开心……难道家里出了什么事情吗?"

汤姆脸变红了。几分钟后,他才点头。

"你家里出了什么事呢?我能帮忙吗?"

"谢谢,不用。"接下来,汤姆开始谈他的苦恼。因为他的妻子得了重病,住在医院里。他不得不往来于医院和家庭之间,照顾妻子和他们8岁的儿子。他每天得不到足够的休息时间,而且对前途充满忧虑。

史密斯默默听他诉苦,然后说:"汤姆,别担心,一切都会好起来的。我将给你安排休假,这样你就可以一心一意照顾你的妻子和儿子了。"

汤姆说:"但是,公司的工作这么忙……"

"没关系。任何工作都没有你妻子的健康和对你儿子的教育重要。"

一个月后,汤姆重新回到公司。他加倍努力工作,成为业绩最好的员工之一。

假如当初史密斯仅仅根据汤姆的表现进行惩罚,而不去了解真实原因,结果会怎么样呢?他将失去一位忠诚敬业的优秀员工。

其二,能听到对方的真实想法。在人际交往中,我们都有可能犯主观臆测的错误:根据以往的经验猜测对方此时的真实想法。但是,我们的猜测可能是想当然,误解了对方的真实想法,进而做出错误评价,造成沟通障碍。我们日常遇到的人际冲突,经常是这样造成的。所以,明智的做法是多听听对方的想法,不急于下结论。

美国知名主持人林克莱特曾去访问一位小朋友,问他:"你长大后想当什么呀?"

小朋友天真地回答:"嗯,我要当飞机驾驶员!"

林克莱特接着问:"如果有一天,你的飞

> **【哈佛人这样说】**
>
> 哈佛人说:"与人相处能不能成功,全看你能不能以同情的心理接受别人的观点。"

机飞到太平洋上空,所有引擎都熄火了,你会怎么办?"

小朋友想了想:"我先告诉飞机上的人绑好安全带,然后我系上降落伞,先跳下去。"

当时,现场的观众都笑得东倒西歪。很显然,一个只顾自己逃生、将乘客的生死弃之脑后的飞行员不是一个合格的飞行员。但林克莱特没有急于下这种结论。他静静地注视着孩子,等待他继续往下说。令他大吃一惊的是,他看见,孩子的两行热泪夺眶而出,其悲悯之情远非笔墨所能形容。于是林克莱特问他:"为什么要这么做?"

孩子的回答透露出一个最天真、最真挚的想法:"我要去拿燃料,我还要回来!我还要救他们!"

主持人林克莱特与众不同之处,在于他能够在"现场的观众笑得东倒西歪时"仍保持着倾听者应该具有的一份耐心。于是,他听到了这名小朋友最善良、最纯真、最清澈的心语。可是在我们现实生活中,却

【指点迷津】

倾听是一项技巧,是一种修养,甚至是一门艺术。

往往缺少这份耐心，我们往往喜欢过早地做出结论。

其三，倾听有利于获得解决问题的好方法。每个人的思考模式都不相同，对问题有自己独特的看法，其中一定有值得自己借鉴的东西。如果乐于倾听、善于倾听，我们就能获得意想不到的好主意。

美国"石油大王"盖蒂曾买了一块油藏量极丰富的土地。可是它太小了，夹在别人的土地中间，只有一条极狭窄的通道，根本无法修一条铁路运送笨重的钻井设备。眼看别人的钻井都竖起来了，盖蒂却一筹莫展，只好去向员工讨主意。一位老工人说："也许可以定制一套小型设备，建一座小型钻井。这样可以降低运输难度。"盖蒂心里一亮：既然可以定制一套小型设备，为什么不可以修一条较窄的铁路呢？结果，这个超常规的主意解决了盖蒂的所有难题，他最终在这块地上竖起了油井，并赚得几百万美元。

很多人，尤其是年轻人，比较欣赏这句豪言壮语：走自己的路，让别人去说吧。有这种想法的人，往往社会阅历还不够丰富，摔的跤还太少，伤得还不够重。俗话说，"一处不到一处迷"。全靠自己凭胆量去闯，受伤的机会就比较多了，你怎么知道那个陌生的地方没有陷阱荆棘，没有毒虫猛兽？若是向过来人问一问，安全系数就会大大提高。多听听别人的意见，是避免受伤的最好办法。

除此之外，倾听还是融洽人际关系的一种有效方法。

英国维多利亚女王时期的政治家迪斯雷利，在文学方面才华横溢，著有多部小说，得到社会各界人士的青睐。而他说服别人的秘诀就是：要得到别人的好感，必须学会认真倾听。

请记住，跟你谈话的人，对他自己、

【哈佛有话说】

对一个有志于成就杰出的人来说，应该养成高效倾听的好习惯。用求知若渴的心去与人交往，从他人的言行中点点滴滴获取真知。当你具备这种态度时，你就会成为真理的朋友。

他的需求和他的问题,比对任何人任何事都更重视。他对自己的牙痛,比对非洲的40次地震更感兴趣。

如果你能做到认真倾听,并以同情的心理接受对方的观点,他便会心生好感,并向你袒露心迹。

"倾听"可分三个层次。

第一个层次:听者完全没有注意说话人所说的话,假装在听,其实却在考虑其他毫无关联的事情,或内心想着辩驳。他更感兴趣的不是听,而是说。这种层次上的倾听,导致的是关系的破裂、冲突的出现和拙劣决策的制定。

第二个层次:听者主要倾听对方所说的字词和内容,但很多时候,还是错过了讲话者通过语调、身体姿势、手势、脸部表情和眼神所表达的意思。这将导致误解、错误的举动、时间的浪费和对消极情感的忽略。另外,因为听者是通过点头同意来表示正在倾听,而不用询问澄清问题,所以说话人可能误以为所说的话被完全听懂理解了。

第三个层次:倾听者在说话者的信息中寻找感兴趣的部分,他认为这是获取新的有用信息的契机。高效率的倾听者清楚自己的个人喜好和态度,能够更好地避免对说话者做出武断的评价或受过激言语的影响。

哈佛小百科

哈佛大学是世界上最早的私立大学之一,是一所以培养研究生和从事科学研究为主的综合性大学。其总部位于波士顿的剑桥城,总地址是 Byerly Hall, 8 Garden Street, Cambridge,邮政编码为 02138。这其中,医学院和商学院位于波士顿市区。在剑桥城,与哈佛大学相邻的是与之齐名的麻省理工学院(MIT)。而且有趣的是,两所大学校园之间并没有明显的分界线。

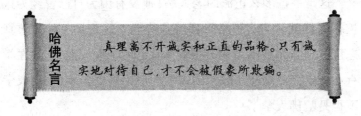

第四课　不要失去正直的品格

哈佛名言

真理离不开诚实和正直的品格。只有诚实地对待自己,才不会被假象所欺骗。

　　只有正直地对待他人,才不会被利益所困扰。一旦失去诚实正直的品格,就会陷入自欺欺人的迷途中,并进而影响对事物的判断力。

　　有一位女士,相信了一位的骗子的话:只要将10万元钱交给他,他一个晚上就能让10万元变成100万元。但是,这位骗子却带着10万元逃之夭夭了。女士去向一位智者哭诉,智者说:"你不是被骗子所骗,你是被自己欺骗了啊!"

　　为什么说女士是被自己所骗呢?"天下没有免费的午餐",这位女士却有着不劳而获的强烈欲望,所以,她是被自己的贪婪所骗。有些人会认为,这位女士缺乏常识,难道她没有听说过类似的骗局吗?而事实上,她缺乏的是诚实正直的品格。假设10万元平白无故变成100万元是真的,这跟自己私下里印刷钞票没有两样,等于是剽窃社会财富据为己有。假如她正直地对待别人,不为一己之私损害社会和他人,她就不会被骗子所骗了。

有一位老人，是哈佛大学的主要捐款人，还当上了该校校友会的领导。然而，当他的孙女想进哈佛就读时，却被哈佛以素质太差为由而拒收。为了安抚老人，校方派一位负责招生的院长亲自登门解释。出乎人们意料的是，老人却如释重负地说："你们正好帮了我一个忙，今后再有朋友来求我帮忙的话，我就可以轻而易举地拒绝他了。因为我可以告诉他，我的话并不算数，这个学校连我的孙女都不收。你们不要有什么思想上的顾虑。作为一个哈佛人，我们要相信自己所做的决定是正确并且是最好的。"

这是一位多么正派的老人啊！他没有因为自己曾经为这所学校掏过钱就认为有资格得到特殊待遇。这正是一种追求真理的态度。正因为哈佛大学始终坚持自己的录取标准，它才在学界拥有如此崇高的地位。假如因为钱的原因降低标准，哈佛大学早就不再是哈佛大学了！

为什么要追求真理？为什么要诚实和正直？这对很多人来说是一道难题。他们在询问自己时，实际上是在问另一个问题：追求真理和诚实正直对我有什么好处？从局部利益来说，可能没有好处反而有害处。有人就会问：既然如此，真理对我有什么价值？诚实正直对我有什么作用？心中毫无准则、以利益为导向、随时改变自己的行事作风，正是某些人的习惯，但这不是哈佛人的习惯。哈佛人把自己视为普通大众中的一面旗帜，他们绝不会为了一时利益而让这面旗帜改变颜色。

【哈佛的品格】
正直和诚实，是哈佛人最珍视的品格。

"为达目的不择手段"，是某些人信奉的真理。他们甚至用"无毒不丈夫"之类的歪理粉饰自己。就某一次事件而言，牺牲正直的品格的确可以更快地达到目的，但是，失去了他人的信任，无疑会给自己的事业带来阻力。而成功需要的却是合力。

哈佛大学
HA FO DA XUE

　　哈佛人以真理为归依，坚守诚实正直的品格，所以，他们始终被视为社会精英而受到广泛承认和赞赏。这种社会认同，也是他们成功立业的最大资本。

哈佛小百科

　　哈佛大学的正式注册名称为：The President and Fellows of Harvard College，是一所位于美国马萨诸塞州波士顿剑桥城的私立大学，同时是常春藤盟校成员之一（常春藤盟校指的是由美国东北部地区的8所大学组成的体育赛事联盟，这8所院校包括：布朗大学、哥伦比亚大学、康奈尔大学、达特茅斯学院、哈佛大学、宾夕法尼亚大学、普林斯顿大学及耶鲁大学。常春藤盟校以体育结盟而起，但因为该联盟成员均具有一流的学术水准和教学质量，所以，一直以来享有很高的声誉）。哈佛大学1636年由马萨诸塞州殖民地立法机关立案成立，迄今已是美国历史最悠久的高等学府，同时也是北美第一个和最古老的法人机构（Corporation）。哈佛大学在英语语种授课的大学的排名尤其突出。而且，哈佛大学也是全世界生产最多有"全球本科生诺贝尔奖"之称的罗德奖学金得主的大学。

第五课　在名人面前有一种独立精神

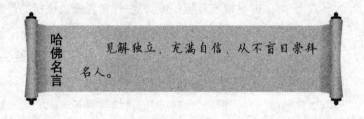

哈佛名言　　见解独立，充满自信，从不盲目崇拜名人。

当一位诺贝尔经济学奖获得者在哈佛讲学时，令人吃惊的是，一个小教室里人都没有坐满。为什么呢？因为学生们认为，他的获奖成果是几十年前的产物。当他拿到诺贝尔奖时，他的研究早就过时了。如果仅仅为了瞻仰名人的风采而去听讲座，纯粹是浪费时间。

为了培养学生不盲目崇拜的风格，哈佛大学实行了"学生评教师"的制度。其做法是：每门课结束前，学校要求每个学生必须完成一份课程评估表。按规定，学生填表时，教师应离开教室，待所有学生完成表格后，由一位志愿者直接将表交到学校行政办公室。为了解除学生的顾虑，鼓励学生畅所欲言，填写该表是不用署名的。校方在整理完评估表后，会将相应的信息反馈给教师及学生。

【哈佛人这样说】

在哈佛人眼里，名人一般都是大众文化的产物。大学应该靠自身培养名人而扬名，而不是靠攀附现成的名人。

评估表除了表达学生对这门课的具体要求外，还有一部分是对教师教学方法、能力、态度的评价。它可以帮助教师提高自己的业务水平。哈佛大学认为，教师不是真理传授者和正确答案给予者，他们也同样需要受到质疑。

事实上，哈佛教授早已习惯了学生尖锐直率的质疑和批判。

【教授这样说】

哈佛的教授也是人，也喜欢被人尊敬崇拜，但他们的职业道德要求他们，必须与学生建立平等的关系，必须孜孜以求地鼓励学生独立思考和挑战权威，必须满怀热情地培养学生对事物的怀疑态度并引导多种观点交锋。他们懂得，只有这样，才能更接近真理。

他们最喜爱的、给分最高的都是那些有勇气并有能力挑战教师的学生。许多教授甚至觉得，没有受到学生挑战的课是最沉闷无聊的课，也是最不成功的课。

哈佛大学这种自由表达观点、不盲目崇拜权威的环境，熏陶了哈佛人的独立精神。在他们眼里，没有人是正确答案的提供者，除非他的结论最后被证明是正确的；没有人是最后的道德判定者，除非他的价

【揭秘名人】

　　比尔·盖茨最欣赏这种坦诚表明意见的工作与交际风格。尽管他尚未等到毕业就从哈佛退学，但这并不表明他厌弃哈佛不崇拜权威的风格。

值观得到社会大众的认同。所以，当许多赫赫有名的人物来到哈佛大学时，非但没有任何优越感，相反，还要为应付一次超强度的思想冲击而犯怵。

　　哈佛学生就是在这种唇枪舌剑中增长见识，了解世界各领域最前沿的知识。当他们日后走上社会时，这种不崇拜权威和平等表达意见的风格使他们受益匪浅——他们敢想敢说，在任何时候和任何人面前都敢于提出自己的独到见解；与此同时，他们也允许他人自由表达意见。这使得各种好想法都能摆到桌面上，沟通的难度也大大降低，工作业绩自然倍增。

　　比尔·盖茨拥有比世界任何人都更多的钱，但他绝对是一个平民化的企业领袖。在他的公司，人们有任何意见，都可以直截了当说出来，且不必管对方心情如何。他对别人是这样，别人对他也是这样。

哈佛小百科

　　在哈佛担任 40 年大学校长(1869 年至 1909 年)职务的埃利奥特(Charles William Eliot)，从根本上使哈佛蜕变为现代美国的研究型大学。埃利奥特的改革措施包括选修课程、小班授课，以及入学考试。这个"哈佛模式"影响了美国国家的高等和中等教育政策。而且，埃利奥特还负责出版了现在著名的《哈佛经典》，从多个学科收集"伟大的书"。在 1926 年他逝世后，后人一直将他的名字和"哈佛"联系在一起，成为美国高等教育普遍愿景的同义词。

第六课　每个人都有一座潜能的宝库

哈佛名言

潜能是每个人固有的天然宝库。每个人身上都有一个取之不尽、用之不竭的宝库。

自信是哈佛大学教授讲授的人生哲学中极为重要的理念之一。

只有我们努力制止潜意识中缺乏自信的怀疑态度,把精力集中在眼前发生的事情上,才能排除阴暗的心理,才能创造连自己都不敢相信的奇迹。相反,自我怀疑几乎总是把怀疑变为现实,而使自己得救的,往往正是人类所共有的一种巨大的潜能。

愈不为结局担忧的人,多半就干得愈漂亮。运动员大多会有这样的体会,不为后果担心,只是一心一意地把比赛进行到底。每个人达到这种境界时,结果却往往是最好的。下面就是一个曾经当众发言就"吓得要死"的人最后成为优秀电视主持人的故事。

在盖尔卫举办的激发人体潜能的学习班上,一位女学员声称自己一当

【哈佛人这样说】

不管你从事什么工作,也无论你准备完成怎样的任务,如果本身就没有信心,甚至产生怀疑,那结果绝对好不了。

【哈佛教授这样说】

　　哈佛教授认为：每个人都不要辜负自己的潜能。这种能力是天生的本领加上从实践中所学到的东西的总和。

众发言就"吓得要死"。"你怎么会知道自己害怕呢？"盖尔卫问道。这是因为，她说，她的膝盖抖个不停。盖尔卫画了一段从0到9的尺度，让她测一下膝盖抖动的幅度有多大。然后，盖尔卫说服她。面对全班同学，这位女学员竟摆脱了恐慌。当她膝盖的抖动降低到接近零时，她已经能对班上的同学谈她自己的体会了——这是有生以来第一次当众发言。从那以后，这位女子终于成为一名电视谈话节目的主持人。

　　潜能是每个人固有的天然宝库。每个人身上都有一个取之不尽、用之不竭的潜能宝库。

　　不过大多数人心中的巨人是在酣睡的。一旦巨人醒来，宝库打开，连你自己都吃惊。

　　每个人生活的90％以上是属于潜意识的。这种潜意识深处蕴藏着

能量极大的成功心智——灵感。灵感对很多成功者而言，都是一个产生奇迹的奇妙力量。很多因无法利用这种奇妙力量的人，都是生活在一个极为狭隘的范围里的。

人的潜意识与无限的智慧相通，促使生命更绚丽；更高贵的伟大抱负、灵感巧思和想象，皆源自潜意识。每个人最深厚的信念是你不能以理性来辩证的那些，因为它们不是来自意识心智，而是来自你潜意识的心智。你的潜意识以直觉、鼓舞、感觉、暗示、驱策力和观念对你说话，它时时告诉你要振奋、突破、成长、前进、冒险、向前达到更高的境界。而爱和援助他人的生命的良策，也来自你的潜意识深处。

每个人潜意识的进行总是趋向于生命和建设性的。潜意识建造了你的身体，并且维护你身体所有重要的功能。它一天工作24小时，从不休息。它总是想办法帮助和维护每个人并使其不受伤害。

哈佛小百科

　　哈佛大学目前拥有超过90个图书馆，藏书数量超过1500万册，这是美国最大的图书馆，是世界第四大"百万图书馆"（mega-library。前3名分别是美国国会图书馆、大英图书馆、法国国家图书馆）；而且，哈佛大学在所有的研究机构中接受的捐赠是最多的，在2006年达到292亿美元，2008年达到378亿美元，是仅次于比尔与美琳达·盖茨基金会的最大捐赠基金。

第七课　点燃内心深处的自信之火

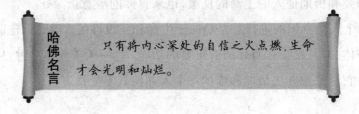

哈佛名言　　只有将内心深处的自信之火点燃,生命才会光明和灿烂。

自信,是每个人内心深处的生命之火。只有将内心深处的自信之火点燃,生命才会光明和灿烂。哈佛的人生哲学教会了我们如何点燃内心深处的自信之火。

成功人生,首先应当确定自己的理想和起跑线。这对每个人的成功都极其重要。没有理想,就没有前进的方向;没有起跑线,就无从规划自己的航程。有时,一个人有了地图和指南针仍然会无可奈何地迷失方向。只有当你知道你现在所处的位置时,地图和指南针才能发挥作用。

任何成功都起始于正确目标的导引。人生中同样也需要有某样东西来给你明确的指引,帮助你集中精力于你的目标。这东西只能由你自己提供,别人无法代劳。

使自己能集中精力的最佳办法,是把自己的人生目标清楚地表述出来。说到底,每个人都希望发现自己的人生目标,并为实现这个目标而生活。把人生目标清楚表述出来，能助你时时集中精力，拥有高效率。在表述你的人生目标时，要以你的梦想和个人的信念作为基础，这样做，有助于你把目标定得具体可行。

你可以界定你的人生目标，认真制定各个时期的目标。如果你不行动，就会一事无成；如果你不行动，再美好的目标也无法实现。

苦思冥想，谋划如何有所成就，是不能代替身体力行去实践的。没有行动的人只是在做白日梦。

定期评估进展，是跟行动同等重要的。随着你计划的进展，你有时会发现你的短期目标并未使你向长期目标靠拢。或者，你可能发现你当初的目标不怎么现实。又或者你会觉得你的长期目标中有一个并不符合你的理想及人生的最终目标。无论是何种情况，你都需要做出调整。你对制定目标越陌生，越可能估计失误，就越需要重新评估及调整你的目标。

有些人会犯的另外一个错误是走到岔道上了。这些人制定了目标，也写下了要达到目标必须做的事情，然后把那些指导方针全忘了。有个办法能防止这种事情发生，你可以把这句话贴在办公室："我现在做的事情会使我更接近我的目标吗？"

哈佛小百科

　　哈佛大学的毕业生中一共有 8 位曾经当选为美国总统。他们是约翰·亚当斯(美国第二任总统)、约翰·昆西·亚当斯、拉瑟福德·海斯、西奥多·罗斯福、富兰克林·罗斯福(连任四届)、约翰·肯尼迪、乔治·沃克·布什以及现任总统巴拉克·侯赛因·奥巴马。而且哈佛大学的教授团队中总共产生了 34 名诺贝尔奖得主。

第八课　将我不行变为我能行

> **哈佛名言**
>
> 面对当代人生,要不断提高自我应对挫折与干扰的能力,调整自己,增强社会适应力。

作为一个现代人,应时刻具有迎接失败的心理准备。世界充满了成功的机遇,也充满了失败的可能。缺乏自信的人,会对人生未知的前途感到恐惧,从而丧失机会,极易失败。所以百年哈佛对每一个被教育者都培植这样一种信念:面对当代人生,要不断提高自我应对挫折与干扰的能力,调整自己,增强社会适应力;不要老是怀有"我不行"、"我做不到"的情绪,而是要将"我不行"变为"我能行",坚信成功在失败之中。

百年哈佛经过多年人生教育的实践,总结出了很多培养自信心的简便易行的方法。当我们对自己失去信心时,可以尝试以下几种方法来克服自己的自卑。

【哈佛人这样说】

若每次失败之后都能有所"领悟",把每一次失败当作成功的前奏,那么就能化消极为积极、变自卑为自信,失败就能领你进入一个成功的新境界。

坐在前排的位子

你是否注意到，无论在教堂或教室的各种聚会中，后面的座位是怎么先被坐满的吗？大部分占据后排座位的人，都希望自己不会"太显眼"。而他们怕受人注目的原因就是缺乏信心。

坐在前面能建立信心。把它当作一个规则试试看，从现在开始就尽量往前坐。当然，坐前面会比较显眼、受人瞩目，这会令一个自信心不足的人感到很不自然、很不舒服。但要记住，有关成功的一切都是显眼和被人瞩目的。

正视别人

一个人的眼神可以透露出许多有关他的信息。某人不正视你的时候，你会直觉地问自己："他想要隐藏什么呢？他怕什么呢？他会对我不利吗？"

当一个人不正视别人通常意味着：在你旁边我感到很自卑；我感到不如你；我怕你。躲避别人的眼神意味着：我有罪恶感；我做了或想到什么我不希望你知道的事；我怕一接触你的眼神，你就会看穿我。这都是一些不好的信息。

正视别人等于告诉他：我很诚实，而且光明正大。我相信我告诉你的话是真的，毫不心虚。

要让你的眼睛为你工作，就是要让你的眼神专注别人，这不

但能给你信心，也能为你赢得别人的信任。

【哈佛人对你说】

如果你坚持，每天在走路时抬头挺胸走快一点，你就会感到自信心在滋长。

把走路的速度加快

当大卫·史华兹还是少年时，到镇中心去是很大的乐趣。在办完所有的差事坐进汽车后，母亲常常会说："大卫，我们坐一会儿，看看过路行人。"

母亲是位绝妙的观察行家。她会说，"看那个家伙，你认为他正受到什么困扰呢?"或者"你认为那边的女士要去做什么呢?"或者"看看那个人，他似乎有点迷惘。"

观察人们走路实在是一种乐趣。这比看电影便宜得多，也更有启发性。许多哈佛的心理学家将人们懒散的姿势、缓慢的步伐与这个人对自己、对工作、对别人的不愉快的感受联系在一起。结果表明借着改变姿势与速度，可以改变一个人的心理状态。若仔细观察就会发现，每个人身体的动作是心灵活动的结果。那些遭受打击、被排斥的人，走路都拖拖拉拉，完全没有自信心。

普通人有"普通人"走路的模样，做出"我并不怎么以自己为荣"的表白。

当一个人有着超凡的信心时，走起路来会比一般人快，像跑。他们的步伐告诉整个世界："我要到一个重要的地方，去做很重要的事情，更重要的是，我会成功。"

当众发言

哈佛人生哲学中告诉人们，有很多思路敏锐、天资高的人，却无法发挥他们的长处参与讨论。并不是他们不想参与，而只是因为他们缺少信心。

在会议中沉默寡言的人一般会这样认为："我的意见可能没有价值。如果说出来，别人可能会觉得很愚蠢。我最好什么也不说。而且,其他人可能都比我懂得多,我并不想让他们知道我是这么无知。"

这些人常常会对自己许下很渺茫的诺言:"等下一次再发言。"可是他们很清楚自己是无法实现这个诺言的。

每次这些沉默寡言的人不发言时,他就又多了一些缺乏信心的毒素,他会愈来愈丧失自信。

从积极的角度来看,如果尽量发言,就会增加信心,下次也更容易发言。所以,要多发言,这是信心的"维他命"。

不论是参加什么性质的会议,当需要自己表明观点、意见时,应当每次都主动发言,也许是评论,也许是建议或提问题,都不要有例外。而且,不要最后才发言。要做破冰船,第一个打破沉默。

所以,培育自信心的建议之一便是努力找机会发言。

开怀大笑

大部分人都知道笑能给自己很实际的推动力。它是医治信心不足的良药。但是仍有许多人不相信这一套,因为在他们恐惧时,从不试着笑一下。

真正的笑不但能治愈自己的不良情绪,还能马上化解别人的敌对情绪。如果你真诚地向一个人展颜微笑,他实在无法再对你生气。

咧嘴大笑,你会觉得美好的日子又来了。但是要笑得"大",半笑不笑是没有什么用的,要露齿大笑才能见功效。

我们常听到:"是的,但是当我害怕或愤怒时,就是不想笑。"

当然,这时任何人都笑不出来。窍门就在于你必须强迫自己说:"我要开

> **【哈佛人这样说】**
> 不要担心这会让自己显得很愚蠢。不会的。因为总会有人同意你的见解。所以不要再对自己说:"我怀疑我是否敢说出来。"

始笑了。"然后,笑。

　　实施上述方法,也许每个人有不同的体验和结果,但有一点是共同的,只要你去认真这样做了,你的自信心多多少少会起变化;你会变得开朗、大方、被人尊重和受到欢迎。这样,离你的目标就已经极为接近了。

哈佛小百科

　　在 1775~1783 年,北美 13 个英国殖民地爆发了反对英国殖民统治的独立战争,也就是美国的独立战争。哈佛学院顺应潮流,站在同情和支持独立战争的正义事业一边。当时在马萨诸塞,几乎所有著名的革命者都是哈佛的毕业生,这其中就包括美国《独立宣言》起草人之一、美国第二任总统约翰·亚当斯。1775年 7 月 3 日,乔治·华盛顿在哈佛学院所在地坎布里奇正式就任北美独立战争军队的统帅,他的司令部也一度设在坎布里奇。到了 1776 年,美利坚合众国诞生后,哈佛学院给独立战争的主要领导人乔治·华盛顿、托马斯·杰斐逊(《独立宣言》主要起草人,美国第三任总统)、约翰·杰伊(美国联邦最高法院首任首席大法官)、亚历山大·汉密尔顿(首届美国联邦政府财政部长)等人被授予哈佛大学荣誉法学博士学位。

第九课 哈佛名人榜——美国文明之父 拉尔夫·爱默生

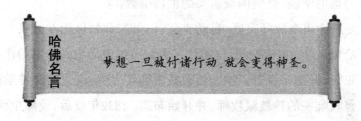

哈佛名言

梦想一旦被付诸行动，就会变得神圣。

拉尔夫·沃尔多·爱默生（Ralph Waldo Emerson，1803—1882），生于波士顿，美国思想家、文学家。爱默生是确立美国文化精神的代表人物，被称为"美国的孔子"、"美国文明之父"。

1803年5月，他出生于马萨诸塞州波士顿附近的康考德村，1882年4月27日在波士顿逝世。他的生命几乎横贯19世纪的美国，他出生时的美国热闹却混沌，一些人意识到它代表着某种新力量的崛起，却无人能够清晰地表达出来。它此时缺乏统一的政体，更没有相对一致的意识形态。在他去世的时候，美国不但因为南北战争而统一，而且它的个性也逐渐鲜明起来，除了物质力量引人注目，它的文化也正在竭力走出欧洲的阴影。

1837年爱默生以《美国学者》为题发表了一篇著名的演讲词,宣告美国文学已脱离英国文学而独立,告诫美国学者不要让学究习气蔓延,不要盲目地追随传统,不要进行纯粹的模仿。另外这篇演讲词还抨击了美国社会的拜金主义,强调人的价值。被誉为美国思想文化领域的"独立宣言"。一年之后,爱默生在《神学院献词》中批评了基督教唯一神教派死气沉沉的局面,竭力推崇人的至高无上,提倡靠直觉认识真理。"相信你自己的思想,相信你内心深处认为对你合适的东西对一切人都适用……"文学批评家劳伦斯·布尔在《爱默生传》中如此说。爱默生与他的学说,是美国最重要的世俗宗教。

爱默生出身牧师家庭,自幼丧父,由母亲和姑母抚养他成人,曾就读于哈佛大学。在校期间,他阅读了大量英国浪漫主义作家的作品,丰富了思想,开阔了视野。毕业后曾执教两年,之后进入哈佛神学院,担任基督教唯一的神教派牧师,并开始布道。1832年以后,爱默生到欧洲各国游历,结识了浪漫主义先驱华兹华斯和柯尔律治,接受了他们的先验论思想,对他思想体系的形成具有很大影响。

爱默生回到波士顿后,在康考德一带从事布道。这时他的演说更

接近于亚里士多德学派风格,重要讲演稿有《历史的哲学》《人类文化》《目前时代》等。爱默生经常和他的朋友梭罗、霍桑、阿尔柯、玛格利特等人举行小型聚会,探讨神学、哲学和社会学问题。这种聚会当时被称为"超验主义俱乐部",爱默生也自然而然地成为超验主义的领袖。

1840年爱默生任超验主义刊物《日晷》的主编,进一步宣

扬超验主义思想。后来他把自己的演讲汇编成书,这就是著名的《论文集》。《论文集》第一集于1841年发表,包括《论自助》《论超灵》《论补偿》《论爱》《论友谊》等12篇论文。3年后,《论文集》第二集也出版了。这部著作为爱默

【名人这样说】

　　美国文明之父拉尔夫·爱默生曾说:"读书时,我愿在每一个美好思想的面前停留,就像在每一条真理面前停留一样。"

赢得了巨大的声誉,他的思想被称为超验主义的核心,他本人则被誉为"美国的文艺复兴领袖"。

　　爱默生的《论文集》赞美了人要信赖自我的主张,这样的人相信自己是所有人的代表,因为他感知到了普遍的真理。爱默生以一个超验主义者的口吻,平静地叙说着他对世界的看法、超验主义结合并渗透了新柏拉图主义和类似加尔文教派的一种严肃道德观和那种能在一切自然中发现上帝之爱的浪漫派乐观主义。

　　爱默生集散文作家、思想家、诗人于一身,他的诗歌、散文独具特色,注重思想内容而没有过分注重词藻的华丽,行文犹如格言,哲理深入浅出,说服力强,且有典型的"爱默生风格"。有人这样评价他的文字:"爱默生似乎只写警句。"他的文字所透出的气质既充满专制式的不容置疑,又具有开放式的民主精神;既有贵族式的傲慢,更具有平民式的直接;既清晰易懂,又常常夹杂着某种神秘主义……一个

人能在一篇文章中塞入那么多的警句实在是了不起的,那些值得在清晨诵读的句子确实总是能够振奋人心。岁月不是为他蒙上灰尘,而是映衬得他熠熠闪光。

哈佛小百科

哈佛大学的校务领导机构,一个是哈佛大学董事会,另一个是校务监督委员会。哈佛大学董事会负责大学的财政和校务的管理,有关教育政策和机构设置的重大事务,由校长和各部门主任向董事会提出,然后讨论决定。哈佛大学各个研究生院院长和各个系的系主任,都由校长任命。哈佛大学校务监督委员会由30名成员组成,这些成员大多由哈佛学院和拉德克利夫学院毕业的校友中选举产生,任期为6年。校务监督委员会举行定期会议,对大学的工作进行调查研究,就有关大学的教育政策和教育实践提出建议,支持学校的重大活动。

第二章
自信和勇气，一个都不能少

诚实、守信是员工必须具备的美德。

——哈佛学生、微软公司创始人、

世界首富比尔·盖茨

第一课　分苹果的故事

哈佛名言

世上的一切成果均需要通过自己的努力，人生路上只需要真诚的心相伴。

　　有一位哈佛著名的心理学家为了研究父母教育对一个人一生的影响，便在全美选出50位成功人士，他们都在各自的行业中获得了卓越的成就。同时又选出50位有犯罪纪录的人，他们都是罪恶累累的囚犯。他分别写信给他们，请他们谈谈父母对他们的影响。

　　不久，他便收到了来自处于不同环境的两类人士的回信，其中有两封回信给他的印象最深。一封来自白宫著名人士，一封来自监狱服刑的犯人。他们谈的都是同一件事：小时候母亲给他们分苹果。

　　那位来自监狱的犯人在信中这样写道：

　　小时候，有一天妈妈拿来几个苹果，红红的，大小各不同。我一眼就看见中间又红又大的那个苹果，十分喜欢，非常想要。这时，妈妈把苹果放在桌上，问我和弟弟："你们想要哪个？"我刚想说想要最

【教授这样说】

　　"信用会为你积蓄看不见的财富，时间越久，这笔财富就越加珍贵，而欺骗只会恶意透支你的财富。"

红最大的一个,这时弟弟抢先说出了我想说的话。妈妈听了,瞪了他一眼,责备他说:"好孩子要学会把好东西让给别人,不能总想着自己。"

于是,我灵机一动,改口说:"妈妈,我想要那个最小的,把大的留给弟弟吧!"

妈妈听了,非常高兴,在我的脸上亲了一下,夸奖我是一个乖巧懂事的好孩子,并把那个又红又大的苹果奖励给了我。我得到了我想要的东西,从此我学会了说谎。以后,我又学会了打架、偷、抢,为了得到想要的东西,我不择手段,犯下不可饶恕的罪行,直到现在,我被送进监狱。

此刻,我在这里给你写信,回忆母亲对我的影响,让我印象最深刻的就是妈妈分苹果的故事。

那位来自白宫的著名人士是这样写的:

小时候,有一天妈妈拿来几个苹果,红红的,大小各不同。

我和弟弟们都争着要大的;妈妈把那个最大最红的苹果举在手中,对我们说:"这个苹果最大最红最好吃,谁都想要得到它。很好,现在,让我们来进行比赛,我把门前的草坪分成3块,你们三人一人一块,负责修剪好,谁干得最快最好,谁就有权得到它。"

我们三人比赛除草。为了得到最好的苹果,我就尽我最大的努力去工作,力争比弟弟做得更好,结果,我赢得了那个最大的苹果。

哈佛小百科

曾经担任哈佛大学校长长达20年(1933至1953年)之久的美国著名教育家科南特说过:"一所大学的荣誉,不在于它的校舍和人数,而在于它一代一代人员的质量。"正是坚持在择师和育人上高标准、高质量,哈佛大学才得以成为群英荟萃、人才辈出的世界一流的著名学府,对美国社会的经济、政治、文化、科学和高等教育等都产生了十分重大的影响,对世界各国的求知者具有非常大的吸引力。

第二课　当火车开走之后

哈佛名言

> 爱给了人勇气，勇气给了人排除艰难、勇往直前的力量。

在哈佛流传着这样一个故事：

一个女孩大学毕业了，要到很远的一座城市去了，4个同时暗恋她的男生一起去送她。女孩知道，这一去恐怕与他们再也无缘了。火车就要启动的时候，4个男孩似乎都想说什么，女孩笑着问："你们是不是舍不得我离开啊？真舍不得就跟我走呀！"

4个男孩神情戚然，一时都不知如何是好。

就在车门架快要收起的时候，其中一位男孩飞身跃上了火车，冲到女孩的座位上，把她紧紧抱在怀里。

女孩没有拒绝，她靠在男孩的肩头，

泪水濡湿了他的衣领。

站台上的3个男生一下子惊诧得目瞪口呆，还没容他们做出任何反应，火车就"咔嚓咔嚓"地驶出了站台。

一年后，另一座城市，在女孩的婚礼上，其他的3个男孩问女孩："你是什么时候决定嫁给他的？"

女孩说："就在他奋不顾身跃上火车的那一刻。"

男孩们仍然有些不服气。这时，女孩问："那时候，你们怎么不跟我走呀？"

"我还以为你在开玩笑呢！"一个男孩说。

"当时，我还没来得及做任何准备呀！"第二个男孩说。

"我原想，来日方长，我们可以从长计议。"第三个男孩说。

各有各的理由，可是，启动的火车不会因这些理由而停留。

启动的火车不会因为男孩们所说的各种理由而停留。最终获得女孩芳心的只有一个，就是那个因为爱而充满勇气、不顾一切的男孩。

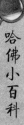

哈佛小百科

在 1869~1909 年，化学家埃利奥特(Charles.William Eliot)开始担任哈佛大学校长，他任职时间长达 40 年，把哈佛大学建设成为一座规模宏大的现代化大学。他使法学院、医学院获得新的活力，并且新建了商业管理学院、牙医学院、文理学院，使得注册学生从 1000 人上升到 3000 人，教学人员从 49 名增加到 278 名，学校基金从 2300 万美元猛增到 2.25 亿美元。

第三课　一剑砍断的罗马结

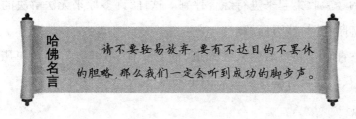

哈佛名言　请不要轻易放弃，要有不达目的不罢休的胆略，那么我们一定会听到成功的脚步声。

在哈佛人的眼里，没有什么是不可能的。

古罗马时代，一位预言家在一座城市内设下了一个奇特难解的结，并且预言，将来解开这个结的人必定是亚细亚的统治者。长久以来，虽然许多人勇敢尝试，但是依然无人能解开这个结。

当时身为马其顿将军的亚历山大，也听说了关于这个结的预言，于是趁着驻兵这个城市之时，试着去打开这个结。

亚历山大连续尝试了好几个月，用尽了各种方法都无法打开这个结，真是又

急又气。

有一天，他试着解结失败后，恨恨地说："我再也不要看到这个结了。"当他强迫自己转移注意力，不再去想这个结时，忽然脑筋一转，他抽出了身上的佩剑，一剑将结砍成了两半——结打开了。

当我们碰到棘手的难题，如何解决、如何面对便成了当务之急。很多人心灰意冷，转身离去；很多人虎头蛇尾，前功尽弃。只有永不言败的人，他们坚信"没什么了不起，我一定会胜利"。正因为如此，他们在不知不觉中思维会自动指示下一步应该进行的步骤；他们的思想会把总结的经验收集起来进行综合评判。这样，许多原来无法解决的难题便会柳暗花明、迎刃而解。

一直坚守到最后的人才知道，世上没有"不可能"，伟人和凡人的不同，只是能否有坚持到最后的勇气而已。

哈佛小百科

在哈佛大学，学生们除了紧张地学习，还会参加学校组织的多种艺术活动，比如音乐会、戏剧演出、舞蹈表演及各种艺术展览等，而且，哈佛每年还会举办艺术节，以活跃学生的业余生活。正是这些充满着浓厚艺术氛围的活动，不仅让学生接受了艺术教育和熏陶，而且大大提高了学生的艺术修养和审美能力。

第四课　再试一次就是奇迹

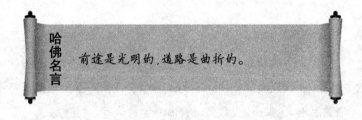

哈佛名言

前途是光明的，道路是曲折的。

　　1943年，美国的《黑人文摘》刚开始创办时，前景并不被看好。它的创办人约翰逊为了扩大该杂志的发行量，积极地准备做一些宣传。

　　他决定组织撰写一系列"假如我是黑人"的文章，请白人把自己放在黑人的地位上，严肃地看待这个问题。他想，如果能请罗斯福总统夫人埃莉诺来写这样一篇文章就最好不过了。于是约翰逊便给她写去了一封非常诚恳的信。

　　罗斯福夫人回信说，她太忙，没时间写。但是约翰逊并没有因此而气馁，他又给她写去了一封信，但她回信还是说太忙。以后，每隔半个月，约翰逊就会准时给罗斯福夫人写去一封信，言辞也愈加恳切。

　　不久，罗斯福夫人因公事来到约翰逊所在地芝加哥，并准备在该市逗留两日。约翰逊得此消息，喜出望外，立即给总统夫人发了一份电报，恳请她趁在芝加哥逗留的时间里，给《黑人文摘》写那样一篇文章。

　　罗斯福夫人收到电报后，没有再拒绝。她觉得，无论多忙，她再也不能说"不"了。

这个消息一传出去,全国都知道了。直接的结果是:《黑人文摘》杂志在一个月内,发行量由2万份增加到了15万份。后来,他又出版了黑人系列杂志,并开始经营书籍出版、广播电台、妇女化妆品等事业,终于成为闻名全球的富豪。

面对每一次挫折与失败,我们要始终怀有"再试一次"的勇气和信念。也许再试一次,我们就听见了成功的脚步声!

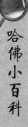

哈佛小百科

毕业于哈佛的成功大师奥里森·马登曾在其成功学著作中提到:"胜利只属于坚持到底的人。没有任何东西能代替坚持不懈的品质,比如天赋、教育、遗产、社会背景等。"

屡战屡败不可怕,屡败屡战更值得称颂。长路漫漫永无止境。成功从来不会是一条顺风顺水的坦途。学会在荆棘中前行、在逆流中奋进,胜利道路上只写"勇敢"不写"气馁"。

第五课　永不放弃理想和信念

哈佛名言

美国前总统约翰·亚当斯曾这样对世人讲:"哈佛教会了我如何追逐梦想。"

　　在希腊帕尔纳索斯山的神殿门上,写着5个大字:认识你自己。几千年来,人们一直认为这句话就是太阳神阿波罗的神谕。古希腊哲学家苏格拉底在讲学时引用最多的也是这5个字。"认识你自己"这句被奉为神谕的话,也是哈佛学子在其学生生涯中听得最多的几句话之一。

　　在他们走进哈佛的第一天,他们就被告知,哈佛只是他们人生中的一个驿站,而梦想才是他们未来的人生之路。无论现状是春风得意还是糟糕万分,那都不是长久停留的地方。要相信梦想,满怀信心地向未来进发。

　　约翰·亚当斯从小聪慧过人,享有"神童"的美誉。他20岁时就获得了哈佛大学法学院的硕士学位,并成了一名受人尊敬的律师。但是,约翰·亚当斯发现政治才是他的梦想、他的追求。他想让自己的祖国有朝一日可以摆脱英国的殖民统治,也想让自己的国家能够与世界各国平等外交,堂堂正正地屹立于世界民族之林。于是他放弃了自己的律师职业，成了美国独立运动的主要领导人之一，与华盛顿和杰斐逊一起，被誉为美国独立运动的"三杰"。

在美国独立战争期间，他临危受命，出使法国和荷兰，参与缔结和平协定，使这两个当时主要的欧洲大国站在了正为独立而苦苦拼争的美国一边，打破了英国殖民主义者将这个新生的国家扼杀在摇篮里的企图，为不被当时绝大多数国家所承认的初生的美国争得了极其宝贵的物质和道义援助。为此，英国人将其视为仅次于美国开国元勋华盛顿的第二号"邪恶人物"，必欲除之而后快。在他出使欧陆期间，英国人派出的刺客对他穷追不舍，多次锁定了他那桀骜不驯的身影，但是这都没有使他放弃自己为国家寻求和平外交的愿望，他依然不知疲倦地奔走在各国之间。最终，他出色地完成了自己的使命，为新生的美利坚合众国打开了外交局面。

当一个人清楚地知道自己灵魂深处的真正渴求是什么，知道哪些东西值得自己不惜一切代价去追求，他就能选择一个终生努力的方向，持之以恒地追求自己的梦想，而不会三心二意，将时间浪费在漫无目的的寻找上。

【哈佛人这样说】

哈佛人的事实告诉我们，一个人认识自己，他就相信自己是什么人，最后他会成为自己心目中的人。无论是哲学家还是心理学家，都相信这个结论。无数杰出人士的成功经历都为这个结论提供了佐证。

1911年秋，新泽西州州长威尔逊，这位有着25年学术生涯的政治学博士、教授、大学校长，在其第一个任期内就赢得了全国最进步州长的声誉。在他竞选州长的时候，他承诺要把新泽西州的改革进行到底。威尔逊上任伊始就发誓要在政治机构中像清除毒瘤一样清除党魁，以便"让政治控制的机构必须置于人民手中"，因为威尔逊认为，"政府的职责就在于把为共同利益奋斗的人们组织起来反对追求特殊利益的人们"。一年后，其所实现的目标比他预期的还要多：他相继推出了《杰拉初选法》《反贪污受贿法》。为了使自己的梦想能够更进一步地服务于民众，1911年夏，威尔逊开始了争取总统提名的竞选活动。民众被威尔逊那冷峻的外表、博学善辩的才华和深邃明澈的理智所折服。他最终成为总统，朝自己的理想目标又迈出了成功的一步。

阿济只有一个穷苦的失聪的妈妈，却没有爸爸，她因此受到人们的轻视与嘲笑。她问妈妈："我为什么没有爸爸？"

妈妈说："因为你是一个很特别的小姑娘。"

阿济于是很高兴，认为自己很了不起。不过，当她长成一个少女的时候，她知道这种"特别"并不是什么值得高兴的事情。

再后来，阿济不得不辍学去赚钱。她找到的第一份工作

是在棉花田里做事,用汗水赚取微薄的薪水。

但是,阿济没有被现状迷惑,也没有因别人的轻视而自卑。她认为,既然自己生长在一个"特别"的家庭,就要成为一个特别的人。她的方法是:从眼前任何事情做起,只要决定去干,就一定要干得特别好。就这样,她一点一点地提升着自己的人生目标。多年后,她成为美国的财政部长。

哈佛小百科

哈佛的教育理念就是要求你在紧张的学习和工作后,能够暂时地完全忘记它们,像投入工作那样投入玩耍,尽情地放松。的确,只有在你尽心休整的时候,所得到的体力和精力的恢复才会为你下一阶段的奋斗增添无穷的动力。因此,在前进的路上,你不仅要勤奋努力,更要学会适度地放松。

第六课　做一个世界化的人才

哈佛名言

　　哈佛大学这个"盛产"重要人物的园地，始终走在世界化的前列。

　　有300年多年历史的哈佛校园如同一个小联合国。在这里，你能看到各种肤色的面孔，听到各国的语言。哈佛大学校园是典型的开放式校园，它的中心哈佛广场人流、车流非常之多，街道拥挤。开放式校园的设计在某种程度上是美国"开放性的教育方式"及整个社会开放理念的一种体现。

　　长期以来，哈佛大学致力于培养国际化人才。除日常教育外，广泛的学术交流是哈佛大学培养国际化人才的途径之一。哈佛大学每年都接受数百名由美国的基金会或外国政府资助的访问学者。这些访问学者在哈佛各学院有一定的科研任务，参加有关学术活动，有的还担任客座教授。这不仅推动了国际学术交流，同时也是培养人才的一个有效途径。

【走近哈佛】

　　哈佛大学从一开始就没有将自己局限为一所美国大学，它的目标是培养能对世界产生积极影响的人才，承担促进人类全面发展的责任。

【哈佛的奥秘】

在哈佛校园中，这些来自世界各国的未来领袖并肩学习，他们在哈佛的经历将对他们的人生起非常重要的作用。

哈佛大学非常注重国际交流与合作，不少政界、学界、艺术界、企业界的名流都在哈佛留下了他们的足迹。1997年11月1日，时任中国国家主席的江泽民访问了哈佛大学，并作了题为《增进相互了解，加强友好合作》的演讲。江泽民主席充分肯定了哈佛大学在美国历史上的地位和取得的成就，高度评价了哈佛为增进中美两国人民的相互了解做出的有益的贡献。

在哈佛大学这种开放的教学方式的培育下，一代又一代的哈佛学子大都成了让人钦佩的各界精英。到目前为止，哈佛共出过6位美国总统。在众位总统中，肯尼迪总统的外交政策最能体现哈佛的国际风范。

在肯尼迪的诸多业绩中，最使他本人感到自豪的就是建立和平队。这是他在1960年竞选运动中提出来的一个独特的机构，在他上任几个月后就成立起来了，其人员都是具有他所号召的那种献身精神的美国人。在肯尼迪的号召下，和平队很快便从几百人发展到几千人，他们大多数是年轻的志愿人员，致力于把美国的活力和技术直接带给贫穷国家的人民。他们在那些国家里同当地的人民一起生活，讲他们的语言，帮助他们开发自然资源和人力资源，除了从助人中得到的乐趣外没有什么其他的报酬。和平队后来成为肯尼迪的希望与诺言中最鼓舞人心的象征。

肯尼迪的新思维和开明作风还表现在对外关系上。从就职之日起，肯尼迪就不把共产党人称为"我们的敌人"，而称为"那些使自己成为我们的对手的人"。他甚至曾号召东西方合作开发尖端科技和进行宇宙探索，他说："来创造科学的奇迹而不是使人看到科学的恐怖。让我们一起去探索星球吧！"

1963年，肯尼迪开始在演说中多次谈到"要确保世界具有多种不同的形式"，同时他还希望经过一个漫长的过程以后，联合国能发展成为一个"真正的世界安全体系"。肯尼迪的开明和平等意识深深吸引了非洲和东欧等第三世界的人们，不仅为自己赢得了世界声誉（当时的民意测验表明，肯尼迪的票数大大超过尼赫鲁，成为"当今世界上最受人钦佩的人物"），还大大提升了美国的国际影响和软实力。

进入21世纪，培养国际人才更是成为哈佛大学工作的重点。

2002年，哈佛大学校长率

【揭秘当代哈佛】

哈佛大学的新校长——以思维锐利、行动果断而著称的前美国财政部长、著名经济学家萨默斯教授，雄心勃勃地对哈佛大学在21世纪的发展提出了重新定位的战略：作为一所深具国际影响力的大学，哈佛大学将更多地承担推动国际社会的教育、卫生、经济发展和沟通交流的责任，它将对国际事务发挥更加积极的影响。

十几位哈佛大学的中国问题研究教授前往北京,参加"全球化对经济、环境和教育影响"大会。他在北京大学演讲时指出,随着全球化浪潮的不断高涨,大学在国际舞台上的地位越来越重要。哈佛大学应该加强和其他国家大学的合作,从而培养具有国际眼光的未来领导者。柯伟林院长更为明确地表示,哈佛大学要培养"世界公民",而不仅仅是某个国家的公民。为了实现这个目标,他亲自披挂上阵,领导了由教授、学生、校友和行政人员组成的"本科生课程设置评估委员会",对哈佛大学本科生的课程设置进行重新评估。这个行动在宁静的哈佛校园引起了巨大的震荡。

哈佛小百科

作为全世界最知名的学府,哈佛非常强调要有长远眼光,为未来投资。要投资未来,就要定好未来的投资方向,也就是要及早地设定自己的人生目标。没有目标,就谈不到发展,那么更谈不上成功。

第七课　千万别上小事的当

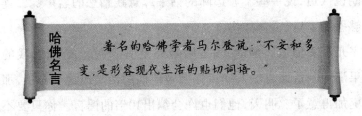

哈佛名言　　著名的哈佛学者马尔登说："不安和多变,是形容现代生活的贴切词语。"

　　我们必须面对不安的生活,使我们的船驶过人生的险道——否则的话,就只有退回子宫,恢复妄想和苦闷。因为能为我们担保的东西很少,我们就只有学习尽力去克服那些危险,才能过上更满意的生活。

　　现实世界中,的确有许许多多令我们心境不宁的事情。在家中,在学校,在公司,甚至走在大街上,我们都可能遇到许多烦心的事,那么,面对众多的烦心事,我们又应该怎么处理与解决呢?

　　我们的古人曾这样教导我们:顾全大局的人,不拘泥于区区小节;要做大事的人,不追究一些细碎小事;观赏大玉的人,不细考察它的小疵;得巨材的人,不为其上的蠹孔而怏怏不乐。纠缠在小事之中摆脱不出,只会令自己更加苦恼。

　　在一片混乱之中保持平静和安宁的方法就是要找到你的"风暴之眼"。所谓"风暴之眼",原是指台风、飓风、龙卷风的中心地带,一块自始至终风平浪静的地带。这片地带以外的任何事物都被席卷而去,只有这个中心仍旧保持着平静。如果我们能在"社会风暴"和"人际风暴"中找到它的"风暴眼",则不论周围环境有多恶劣,噪声有多大,我们都能够做到耳根清静、心情平和、临危不乱。而这个"风暴眼"其实就是我们自己镇静从容的心境。

让我们看一下大卫·洛克菲勒是怎么处理这些小事的。有一次,他的儿子问他:"爸爸,您处理银行那么纷繁复杂的事务都能轻松自如,而且与银行那些事务有关的消息总逃不过您的耳朵,为什么对那些诽谤您的话,您就失聪似的充耳不闻呢?天哪,您怎么能够容忍他们每天都在那胡说八道,说一些不着边际的话来肆意践踏您的名声呢?连我都不能够忍受了!"

听完儿子义愤填膺的话,大卫哈哈大笑说:"别这么激动,我的孩子。如果那些制造谣言的人知道你已被他们的话气成这个样子,那他们就会更加得意了。明天,他们也许会编出10倍的谣言。你只要不理睬,他们就没有什么戏可唱了。所谓'见怪不怪,其怪自败',这绝对是

解决问题的最好办法。如果你真的与他们计较,他们会以与洛克菲勒打官司为荣。而且,人们都有辨别能力,所以他们喜欢相信什么就相信什么吧!"

【哈佛人告诉你】

"站在风暴的上面",这正是我们值得借鉴的经验。以更高的视野观察事物,所看到的情境跟目光平视或目光仰视会有不同,心境也会大有差别。

洛克菲勒为何能对他人的诽谤保持超然的态度?因为他没有让自己陷身于人际风暴之中,他让自己站在风暴的上面审视这一切,所以他能保持清醒的头脑,不因外界的纷扰而心生烦躁,更不因外界的纷扰而自乱阵脚,始终保持内心的宁静。

一位空军飞行员谈到他在空中翱翔的感受时说:"当我从高空往下望,看到人如蚂蚁、屋如火柴盒时,发觉一切事物都是那么的微不足道。下了飞机后,整个人就开朗多了,很多从前想不开的事情,都已不再那么在乎了,也不再那么计较了,因为心境已全然不同。"

当你面对不如意的事,拉高视野,向下望一望时,不觉得那些小事都很好笑吗?想一想,过了一二十年,谁还会记得这些呢?

有一个心理学家做了一个很有意思的实验。

他要求一群实验者在周日晚上,把未来7天将出现的烦恼的事情都写下来,然后投入一个大型的"烦恼箱"。

到了第二周的星期日,他在实验者面前打开这个箱子,逐一与成员核对每项"烦恼",结果发现其中有九成并未真正发生。

接着,他又要求大家把那一成的字条重新丢入纸箱中,等过了3周,再来寻找解决之道。结果到了那一天,他开箱后,发现剩下的那一成烦恼也已不再是烦恼了。

哈佛人说:千万不要上小事的当!生活中的小事真的只是小事,没有什么大不了的。比如衣服不太合身,交通又堵塞了,有人好像对自己不友好,这次提升没有我,别人买了汽车而自己还没有,等等,假如我们自己不去计较,它们能给我们带来什么伤害呢?什么也不会!

所以,哈佛人说:请停止担忧那些不重要的小事情吧!这些小事只想要把我们绑住,耗损我们的心力,使我们浪费太多的力气在小事上面,以至于无法专注其他更重要的事情,也无暇注意生命中更美好、更伟大的事物。因此,下次再碰到不如意的事时,要用旁观者的心情,冷静看着这些事,超然于这些事情之上。

哈佛小百科

"学生一代接着一代,如同海水一浪接着一浪地向着陆地。有时是静静的,有时则带着狂风暴雨般的怒吼。不论我们认为人的历史是单调的还是狂暴的,有两件事物总是新鲜的,那就是对成功和对知识的追求,这也正是一所大学和它的每一个学生所真正关心的。我们学校的年纪已经可以用世纪来计算,但只要它热切地追求这两件事,那么,它就永远不会衰老。"——哈佛大学第25任校长博克(Derek Bok)在第340届毕业典礼上的一句致辞。

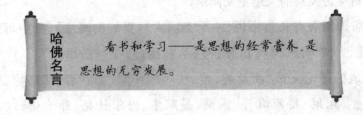

哈佛大学
HA FO DA XUE

第八课　哈佛名人榜——美国作家亨利·詹姆斯

哈佛名言

看书和学习——是思想的经常营养,是思想的无穷发展。

亨利·詹姆斯（Henry James，1843年4月15日至1916年2月28日），美国作家。詹姆斯1862年考入哈佛大学法学院，1864年起开始文学创作。他的主要作品是小说，此外也写了许多文学评论、游记、传记和剧本。他的小说常写美国人和欧洲人之间交往的问题；成人的罪恶如何影响并摧残了纯洁、聪慧的儿童；物质与精神之间的矛盾；艺术家的孤独，作家和艺术家的生活等。

个人简介

亨利·詹姆斯出身于纽约的上层知识分子家庭，父亲老亨利·詹姆斯是著名学者，兄长威廉·詹姆斯是知名的哲学家和心理学家。詹姆斯本人长期旅居欧洲，对19世纪末美国和欧洲的上层生活有细致入微的观察。詹姆斯是同性恋

者。他与同时代的美国女作家伊迪丝·华顿保持着长期的友谊。

【名人这样说】

18世纪中叶到19世纪初德国和欧洲最重要的作家、诗人哥德曾说："经验丰富的人读书用两只眼睛，一只眼睛看到纸面上的话，另一眼睛看到纸的背面。"

作者赞美优美而淳厚的品德，把个人品质高高置于物质利益甚至文化教养之上，个人品质和他人利益高于一切。表明作家对个人道德品质的浓厚兴趣。这是深有文化教养的知识分子所怀有的人文主义倾向，而不是人们所熟悉的对贫苦大众的人道主义同情。

詹姆斯著有长篇小说《一个美国人》《贵妇的画像》等，中短篇小说《黛西·米勒》《螺丝在旋紧》《丛林猛兽》等。詹姆斯写了许多很有见地的评论文章，涉及英、美、法等国作家，如乔治·艾略特、史蒂文森、安东尼·特罗洛普、霍桑、爱默生、巴尔扎克、乔治·桑以及屠格涅夫等。有三种自传行世：《童年及其他》《作为儿子与兄弟》和《中年》。

亨利·詹姆斯开创了心理分析小说的先河，在他的笔下，出现了仿佛是迷宫般的普通人的内心世界。在《鸽翼》(The Wings of the Dove, 1902）中，他发掘了人物"最幽微，最朦胧"的思想和感觉，把"太空中跳动的脉搏"转化为形象。在兰登书屋（Random House）1996年评选的20世纪百部最

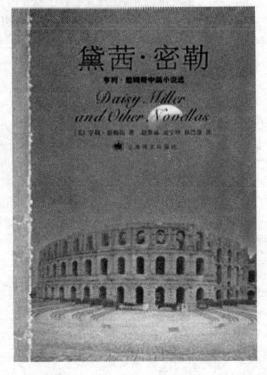

佳英文小说中,亨利一个人就占了3部。

20世纪初,詹姆斯接连发表《鸽翼》《使节》和《金碗》3部长篇小说,使他的创作达到高峰。《鸽翼》写一位英国记者为钱财追求一个患有不治之症的美国姑娘的故事。《使节》描绘一位高雅的法国女人对一个美国阔少所产生的难以抗拒的魅力。《金碗》通过一段继母与女婿私通的故事,引发出了许多涉及道德问题的思索。这些小说大多颂扬美国资产阶级高尚的品德。它们基本以人物微妙的内心活动为主,有时冗长繁琐,并显得晦涩难解。詹姆斯的作品还有《波士顿人》《卡萨玛西玛公主》《美国人》《波英顿的珍藏品》等。除小说外,还写过一些重要的文学评论以及剧本、游记等。

1879年中篇小说《黛西·密勒》使他一举成名。小说描写美国姑娘黛西·密勒游历欧洲时的遭遇。她的天真烂漫、热情开朗的性格招来了许多误解和麻烦,最后客死他乡。小说将美国人的天真烂漫与欧洲人的世故奸诈进行了比较,肯定了前者,讽刺了后者。1881年出版的《一位女士的画像》,是他早期创作中最具代表意义的作品。小说中的女主人公伊莎贝尔从美国移居英国。在一次意大利之行中,她认识了一位长期侨居欧洲的美国人,感到他趣味高雅、修养良好,就毫不犹豫地嫁给了他。婚后发现丈夫爱的是她的财产。伊莎贝尔在经过一系列痛苦的思索之后,还是决定维持和他的婚姻。小说表现了美国资产者同欧洲封建贵族相处时相互吸引又相互抵触的主题。

亨利·詹姆斯在新批评派中占有

举足轻重的地位,被喻为"文学大师"、西方现代小说的先驱。詹姆斯提出的"意识中心论"对后来的"意识流小说"影响巨大。中篇小说是詹姆斯偏爱的一种"优美无比的"艺术形式。他认为把丰富多彩的内容纳入少而精的形式,这是对作家的一种挑战。詹姆斯满怀激情地接受了这个挑战,把中篇小说创作的造诣提高到一个前无古人的水平。

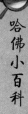

哈佛小百科

哈佛以培养优秀的人才为己任。埃利奥特曾明确指出:"我们要培养实干家(doer)和能做出成就的人(achiever),他们成功的事业生涯可以大大增进公共福祉。我们不要培养世界的旁观者、生活的观众或对他人劳动十分挑剔的批评家。"正是基于对人才培养目标的准确认识,哈佛大学才有了由最初的自由选修制到注重实用主义科学的课程改革。

第三章　冷静思考,改变世界

善于思索是受过良好教育的人的一个明显标志。

——哈佛大学课程指导书

第一课　立志成为未来的精英

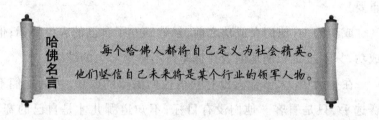

哈佛名言

每个哈佛人都将自己定义为社会精英。他们坚信自己未来将是某个行业的领军人物。

哈佛大学校长博克曾这样总结他的学校和学生："学生一代接着一代,如同海水一浪接着一浪冲向陆地。有时候是静静的,有时候则带着狂风暴雨般的怒吼。不论我们认为人的历史是单调的或是狂暴的,有两件事物总是新鲜的,那就是对成功和对知识的追求,这也正是一所大学和他的每一个学生所真正关心的。"

如何追求成功呢? 哈佛人认为,首先要有一个伟大的目标,然后为之终生奋斗。哈佛人明白,一个从未幻想过成功的人不会为成功去拼搏,即使在生活中偶有所得,他也不会有成功的喜悦。

正如哈佛导师教导他们的学生所说:"非伟人不能成就大业。伟人之所以伟大,是因为他们立志要成为伟人。"

一个希望致富的人才会主动地去追求金

> **【哈佛人这样说】**
> 　　每个哈佛学子都深深地知道,成功最困难的并不是争取成功的过程,而是成功的目标的确定。

钱，一个渴望权力的人会积极地追求权力，一个喜欢声名地位的人才会费尽心机出人头地。每一个哈佛人，都在为自己将来能够成为一个伟人而孜孜不倦地学习着。

早年哈佛大学曾经对各大学的学生做过一项抽样调查，内容是将来毕业以后，有没有一个非常具体的人生目标。结果，只有3%的学生回答"Yes"，97%的学生不知道自己想要怎样的生活。而当年在学校有明确目标的3%的学生，在20年后都成了有作为的人。

这项研究再一次提醒我们，给自己设定目标对于人生成长是多么重要！

成功的人，他们在成功之前，早就确立了自己的人生目标；他们的成功，只不过是长期地向着目标坚持不懈地努力的结果。

在生活中，大多数人没有获得他们渴望的成功。因为他们不是参赛选手，只是看客。他们没有目标，不知道哪儿才是自己的赛场，也不知道应该将智谋体力投放在什么地方。没有人在乎他们的"比赛

成绩",也没有人给他们发"奖牌"。他们只能落寞地看着别人接受鲜花和掌声,在日复一日的平淡生活中藏起自己的希望。

古今中外,但凡成功者,大都有这样一个坚定的通往成功的起点,半路出家的毕竟不在多数。当然半路出家有所作为的也有之,但至少意味着前半生的追求遇到了自己无法承受的也无力逃避的挫折甚至失败。

正如屋大维一样,他知道自己的目标是罗马的主人,他才能始终如一、心无旁骛地去追求,他才毅然抛弃了那么多的诱惑和干扰,比如罗马城的次席等。

知道自己要什么,同时也就知道哪些东西不是自己最想要的。只有得到了自己立誓要争取到的东西,才会感到满足与内心的宁静,才会像旁人一样对自己的成功感到欣慰和满意。

无数的犹豫、痛苦的选择或者所谓壮士断腕、悬崖勒马,实施这些行动都不像想象中那么艰难,只是在决定是否要追求这样一个目标时才显得格外的悲壮与感人。

因此,那些伟大的人物一直都想成为伟大者,有着崇高的志愿,目光远大,终于得以在芸芸众生中树立权威,这也造就了许多人为之倾倒的执著而倔强的灵魂。如果他仅仅满足于平凡的事情,他就只是一位优秀而勤恳的仆人,而绝不是一个能够赢得信任和吸引人类理想的英雄。

有伟大的目标,这是成功的起点,也是成功的一半。我们站在伟大英雄们的来路上向回望去,我们都能找到这样

【名人这样说】

目标和努力,都是成功的要素。靶子在前,枪在手,意味着你已经有了目标和实现目标的基本条件。但是,你能否击中靶心?这依赖于你的枪法。而枪法是练出来的,需要付出相当的努力才行。

一个起点,对着上帝和自己立下的约定,这个誓言无时无刻不回响在我们为之奋斗的每一段行程的上空。所以,我们要说的成功者的第一个特征是成功的意愿,或者说是志向、目标或者其他一些称谓,但不管怎样,他们都渴望成功。

哈佛小百科

　　哈佛商学院以高额学费著称。收入颇丰,最主要的还是其具有高超的筹资技巧。与那些世界大公司、大银行的成功联姻攀亲使商学院的基金高达 2.5 亿美元,比美国所有其他管理学院的总和还要多。其每年年度预算就高达 1 亿美元。 哈佛商学院的生财之道简直是五花八门。《哈佛商业评论》以及哈佛商学院出版社的出版物为哈佛商学院带来丰厚的收益。通常,学生每人需付 2000 多美元购买案例资料,需花 900 美元月租去住学校提供的一居室宿舍,要利用学院的健康中心,并且还要为毛巾和衣柜另行付费,连学生们被写进校权会名录也要掏钱。此外,校友会的一项重要活动——捐款,也是学院的财路之一,其中在 1995 年,竟然创纪录地从历届毕业生中募集到 2000 万美元。所在地的一切都说明了哈佛商学院的生意经不是空泛的理论。由此不难看出,哈佛的行政管理者可谓非常高明的"企业家"。

第二课　与众不同的声音

哈佛名言

真正成功的人生，不在于成就的大小，而在于你是否努力地去实现自我。

　　哈佛人的个性，他们要求站在台上，让全世界听到自己的声音；而不仅仅是站在台下，为别人的声音鼓掌喝彩。这种个性对成就杰出人生的好处是：能始终保持自己的独立意志，而不会成为他人盲目的追随者。

　　美国成功学大师休伊特讲过这样一个亲身经历的故事：

　　"在富兰克林·罗斯福当政期间，我为他太太的一位朋友动过一次手术。罗斯福夫人因此邀请我到白宫去玩。我在那里过了一夜。工作人员告诉我，隔壁就是林肯总统曾经睡过的地方。我感到非常荣幸且惊讶万分。'麦克斯，'我在心里对自己说，'你来到这里了。'我无法用正确的言语描绘我那吋受宠若惊的心情。那天夜里我一直没睡。我用白宫的文具纸张，写信给我

【哈佛人这样说】

　　一个哈佛毕业生在毕业典礼上曾这样说：我们有自信，我们每个人都是世上独一无二的个体。因此，我们的思考、我们的内在，别人都无法模仿。我们信心十足。我们一定可以唱出与众不同的声音来给世界听。

的母亲、给我的朋友，甚至还给我的一些冤家。

"早晨，我下楼用早餐。罗斯福总统夫人是那里的女主人。她的眼中总是透露着特别温和迷人的目光。我吃着盘中的炒蛋，接着又来了满满一托盘的鲑鱼。我几乎什么都吃，但对鲑鱼一向讨厌。我畏惧地对着那些鲑鱼发呆。罗斯福夫人向我微微笑了一下。'富兰克林喜欢吃鲑鱼。'她说她指的是总统先生。

"我考虑了一下。'我何人耶？'我心里想，'竟敢拒吃鲑鱼？总统既然觉得很好吃，我就不能觉得很好吃吗？'于是，我切了鲑鱼，将它们与炒蛋一道吃了下去。结果，那天午后我一直感到不舒服，直到晚上，仍然感到要呕吐。

"我说这个故事有什么意义？很简单，我没有按照自己的心愿唱出自己的声音。我并不想吃鲑鱼，也不必去吃。为了表示敬意，我勉强效颦了总统。我背叛了自己，站在了不属于自己的位置上。那是一次小小的背叛，它的恶果很小，没有多久就消失了。不过，这件事的确提醒了我们，在走向成功之道最常碰到的陷阱之一就是：别人眼中的成功如果并不是你想要的成功，你就一定要表达出来，而不是盲目追随他人。因为此种'成功'，实在是一种失败；它剥夺了一个人自我完整的概念，它使他放弃了自我立场——就像我在效仿罗斯福总统时所做的那样，令我自己陷入心灵所不需要的那种荒谬竞争之中。"

休伊特吃鲑鱼，这种盲目追随他人的做法在生活中比比皆是：别人一身名牌，我也不能天天穿"休闲"；别人染了头发，我也要赶紧改掉黄种人的老形象；别人出入豪华场所，我勒紧裤带也要跟着上；别人天天在网上冲浪，我也要经常泡网吧……但是，我们应该想想，作为一个哈佛人，罗斯福总统会因为某个大人物爱吃鲑鱼，他也去

【哈佛人这样说】

哈佛人说：只有长期保持高度的乐观和自信，才能使你不断地获得成功。你最可靠的指针，是接受你自己的意见，尽你所能地去好好生活，而不必盲目追随别人。

吃鲑鱼吗?不会!既然罗斯福总统不这样做,我们在生活中寻找学习榜样时,为什么不向具有独立人格的罗斯福学,而要向那些喜好攀比的小人物学呢?

只有倾听自己的心语,接受自己的意见,才能在这个世界上唱出自己的声音。唯其如此,才能从普通人中间脱颖而出,成就杰出人生。

当然,执意要唱出自己的声音,也有一定风险:可能受到那些保守者或嫉妒者的批评。但是,这有什么关系呢?每一个杰出人士都曾受到过批评,这并没有妨碍他们的杰出。

哲学家苏格拉底曾被人贬为"让青年堕落的腐败者"。

贝多芬学拉小提琴时,技术并不高明,他宁可拉他自己作的曲子,也不肯做技巧上的改善,他的老师说他绝不是个当作曲家的料。

歌剧演员卡罗素美妙的歌声享誉全球。但当初他的父母希望他能当工程师;而他的老师则说他那副嗓子是不能唱歌的。

发表《进化论》的达尔文当年决定放弃行医时,遭到父亲的斥责:"你放着正经事不干,整天只管打猎、捉狗捉耗子。"达尔文在自传上透露:"小时候,所有的老师和长辈都认为我资质平庸,我与聪明是沾不上边的。"因为他总是那么"不听话",总是那么自以为是。

爱因斯坦4岁才会说话,7岁才会认字。老师给他的评语是:"反应迟钝,不合群,满脑袋不切实际的幻想。"他曾遭到退学的命运。

牛顿在小学的成绩一团糟,曾被老师和同学称为"呆子"。

罗丹的父亲曾怨叹

自己有个白痴儿子。在众人眼中，他曾是个前途无"亮"的学生，艺术学院考了三次还考不进去。他的叔叔曾绝望地说："孺子不可教也。"

《战争与和平》的作者托尔斯泰读大学时因成绩太差而被劝退学。老师认为，他"既没读书的头脑，又缺乏学习的兴趣"。

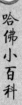

哈佛小百科

哈佛商学院的名望，不仅仅是因为她首创了 MBA 学位，也不仅是因为她在管理教学中首创了案例教学法，还不仅仅是基于她拥有一个庞大的明星教授群，而是因为她确确实实向社会输送了大批量的、极其优秀的人才。正是这些毕业生在社会上的卓越表现，才使得哈佛商学院扬名世界。美国《幸福》杂志的调查结果显示，目前，美国 500 家最大公司的高层管理人员中，就有大约 20% 是哈佛商学院的毕业生。他们活跃在各公司的总裁、总经理、董事长等等显赫位置上。他们所经营和管理的公司，是全美甚至全世界声名卓著、资产雄厚、独霸一方的超级企业。正是因为他们为社会和经济发展所做出的贡献，为世人所肯定和尊重，才使他们的母校成为人们心目中超一流的学府。因此，不少人将哈佛商学院的 MBA 证书，看作是进入高级管理阶层的一个通行证。HBS 是美国唯一一所拥有独立校区的商学院。所有的教学项目，MBA、博士、高管培训等都在同一校区同时展开，使 networking 变得非常容易。HBS 是目前世界上最大的 MBA 项目之一，整个班级会分成 80~90 人的 section，而每个 section 的同学会有很多机会在一起学习和生活。另外，所有的人都必须遵守 HBS 的价值观，其中包括诚实、尊重他人、个人责任、追求卓越等。

第三课　经营自己的长处

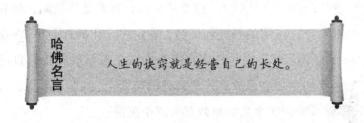

哈佛名言

人生的诀窍就是经营自己的长处。

　　在人生的坐标系里，一个人如果站错了位置——用他的短处而不是长处来谋生的话，那是非常可怕的。

　　发现自己的长处并善于经营，是一种聪慧的生存方式，也是我们摆脱局限、超越自己超越别人的最好捷径。

　　英国近百年来最年轻的首相梅杰，47岁登上首相宝座，为世人所瞩目。然而，他年轻时并无超人的聪明之处。16岁时因成绩不好而退学，后又因心算差未被录取为公共汽车售票员。对此有好多人想不通：一个连售票员都不能胜任的人怎么当了首相？针对这种怀疑，梅杰在一次谈话中回答说："首相不是售票员，用不着心算。"从这里我们可以看出，一个人事业成功与否，并不完全取决于学历的高低，而在很大程度上取决于自己能不能扬长避短，善于经营自己的长处。

　　卡莱尔说："发现自己天赋所在的人是值得信任的，他不再需要其他的福佑。他有了自己命定的职业，也就有了一生的归宿。他找到自己

【哈佛人这样说】

　　哈佛的退学生比尔·盖茨说："缺点教会了我一个真理，那就是一个人受自己缺点的限制是可大可小的，这取决于你自己如何看待和处理它。关键是应该注意发挥你所具有的长处，而不是老记着自己的缺点。"

的目标，并将执著地追寻这一目标，奋力向前。"

　　而英国散文家托马斯·卡莱尔则说："世界上最不幸的人要数那些说不清自己究竟想做什么的人。他们在这个世界上找不到适合他们干的事，简直无处容身。"

　　这个世界上没有完人，每个人身上或多或少都存在着某些缺陷，但我们每个人也都有或这或那的长处和优势。在这多元化的社会里，在很多可供你选择的情况下，这些长处和优势恰恰正需要引起我们自己的注意。如果我们不把心思放在这些长处的经营上，而是老念叨着自己的缺陷，那就可能会在永久的卑微和失意中沉沦。

　　美国著名的歌唱家卡丝·黛利有一副好歌喉，但美中不足的是她却长着一口特别显眼的暴牙，这使她在成名之前非常自卑。后来，在一次全国性的歌唱比赛中，她听从一位好心评委的劝告，比赛时不

再考虑她的牙齿问题,而是全身心地投入演出。结果,这次比赛她凭自己的实力征服了听众和评委,终于脱颖而出。从此,卡丝·黛利就走上了歌坛。

想想我们每个人,谁没有长处,谁又没有缺点呢? 同样是有着长处和缺点的人,为什么有的人成功了,有的人却失败了? 其实,不是他们不行,而是由于他们不能接受自己的缺点和由此带来的自卑,使他们连同自己的长处也放弃了,从而制约了他们的发展。

哈佛小百科

《哈佛商学院 MBA 案例全书》是哈佛商学院的核心教程。这本书在世界 MBA 教学上堪称权威。它把工商领域中分析、决策遇到的种种问题引入到课堂教学, 将课堂教学变成一种互动的学习过程。众所周知,案例教学法是商学院一系列著名管理方法的基石。它旨在培养学生在未来实际工作中所需的各种分析技巧、洞察力及自信心,因而满足了实际工作的需求。

为了让教学中使用的案例与当前和未来管理的发展趋势能够保持一致,哈佛商学院每年都会和来自全球的类型众多、规模迥异的组织领导者合作,研究开发出近 350 个案例,通过这种方法将案例教学的三分之一内容进行及时更新。在现在世界各商学院使用的案例中,几乎将近 80% 的案例都是哈佛商学院开发的。

第四课　先有想法,再想办法

哈佛名言

先有想法,再想办法。

　　哈佛人认为,身陷逆境的人有一个共同的困惑:有想法没办法。他们并非不想改善处境,但眼前的困难却让他们束手无策。于是,很多人自暴自弃,就此沉沦。

　　重要的是下定解决困难、冲破逆境的决心。只要下定决心,自然有解决的办法。这种自信的心态和积极进取的精神,正是成就杰出之道。

　　当年,斯蒂文·乔布斯和斯蒂芬·沃兹尼克合作创业时,就面临"有想法没办法"的困境。他们的头脑中有一幅美好的未来设计图,但没有钱,拿什么构筑事业大厦?他们认为,没有钱不要紧,只要干起来,自然会有办法。于是,他们卖掉了一辆老掉牙的大众牌汽车,得到1500美元。这些钱能做什么?可能刚好够一次不太愉快的西部之旅。对于斯蒂文·乔布斯和斯蒂芬·沃兹尼克这两个雄心勃勃的年轻人来说,这点钱甚至无法支付办公室的租金。他俩只好在一个旧车库里安营扎寨。然而正是在车库里,第一代苹果电脑诞生了,一个电脑业的巨子迈出了第一步。

当时，两个毛头小伙子所要面对的竞争对手是国际商用计算机公司——一个财大气粗的巨无霸。1500美元，对IBM来说，还能叫作钱吗？还有那个肮脏的车库，它能被叫做厂房吗？

但是，从车库里诞生的苹果电脑，成功地从IBM手里抢走了荣耀和财富。

斯蒂文·乔布斯和斯蒂芬·沃兹尼克的经历告诉我们，只要有努力向上的想法，在任何情况下，我们都不会无所作为。即使没有钱，即使在一个肮脏的车库里，同样可以产生奇迹。

当然，从事任何事业，都不可能心想事成。因条件所限或时势变化，我们也可能遭遇挫折或失败，这是成功途中必经的过程。因为每个人都需要在挫折或失败中增长才干和变得成熟。只要我们抱定永不放弃的决心，我们终能达成自己的目标。

法国著名思想家圣西门曾说："我的生活每况愈下，但它没有过错，因为我不仅没有跌倒，反而始终斗志昂扬。也就是说，生活中的每一次下降，并没有使我退回到出发点。"这段话，道出了生活的规律之一，那就是呈螺旋式上升的过程；退一步讲，至少是总趋势呈线性上升状态的过程中延伸的正弦波形，既有波峰也有波谷。

法国大文豪巴尔扎克则说："逆境，是天才的晋升之阶，信徒的洗礼之水，能人的无价之宝，弱者的无底之渊。"这段话，阐述了逆境——这个集困难、失败、苦难为一体的产物，对于不同的人群，它的"面孔"和"威力"是完全不一样的。

这就是说，"困难"、"失败"、"奋斗"、"精彩"、"成功"等因素都是生活中不可或缺的调味剂，是生活的道路上结伴而行的朋友，是生活的内容里不可少

【哈佛人这么说】

哈佛人认为：在现实生活中，正因为存在困难，才会有凑巧碰上但又合理存在的失败；正因为存在失败，才会有不甘失败的奋斗所带来的许多成功和精彩。

的重要组成部分,是生命的风帆在生活的长河里飞驰而过时,遇到并激荡出的层层涟漪和浪花朵朵,更是生命走向成熟、设计变为现实的必经之道。

当惠尔特和普克德刚从学校走上社会时,他们尝到了经济不景气带来的生活苦涩。大街上到处是因为找不到工作而陷入困境的人。他俩为了得到一份工作,不得不四处奔波。有一天,当两个人遇到一起时,忽然产生一个想法:与其处处求人找工作,不如自己去开创一番事业,为别人创造工作的机会!

于是,他俩决定合伙开创自己的事业。两个一无所有的穷光蛋,总共才凑了538美元。这点钱当然不能有像样的工作环境。于是,他们和苹果公司的那两位一样,在加州的一间车库里,办起了一家公司。

这家公司以两人姓氏的第一个字母来命名,这就是后来蜚声世界的惠普公司。

以后的事情大家都很清楚了:经过艰苦创业,惠普公司现在是全球最重要的电子元器件、配套设备供应商之一,总资产达300多亿美元。

每一个成功者都是从困难中走过来的。困难的存在是永恒的,逃避困难,就等于拒绝接受成功。困难锻炼强人,困难考验强人,困难造就强人。

从某种角度来说,我们应该感谢困难。为什么呢?越是困难的事情竞争者越少,机会和效益也越大;越是困难的事情越值得我们去做。一个人如果能把有难度的事情做成功,才能得到更多人的欣赏、承认和尊重，才能有更多动人的故事被人接受和传颂。每部名人传记，都是面对困难并战胜困难的人生经历。

困难是成功的阶梯。困难是成功的伴侣。成功的过程根本离不开困难，不经历困难与失败，就不会走向成功。困难是成功的里程碑。困难是对我们采用方法的不断验证。任何事业都需要困难与失败的经历。对意志坚强的人，没有克服不了的困难，只有没做完的事情。成功与失败，我们都需要。有人曾嘲讽大科学家爱迪生："你失败1000次了，也没能找到做灯丝的材料。"爱迪生却说："我已经成功了1000次，我每次都验证了那种材料不能做灯丝，所以才找到了可以做灯泡的钨丝，并照亮了全世界。"

困难会使我们成熟。有困难是坏事也是好事。困难和失败会逼着人想办法。困难的环境最能够锻炼人，也最能出现人才和取得事业的成功。

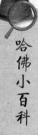

哈佛小百科

　　自从进入哈佛商学院的第一天起，在这里的每一个学生就都和哈佛商学院产生了一生不断的联系。要知道，哈佛商学院有其独特的全球校友网络，从哈佛走出来的学子最深的一点体会就是感觉自己好像从未离开过哈佛一样。如此深刻的感受与它强大的校友会离不开关系。在哈佛商学院的毕业生名单上，有一长串声名超级显赫的名单：乔治·W·布什、杰夫·伊梅尔特、罗伯特·S·麦克纳马拉……

第五课　哈佛的优秀标准

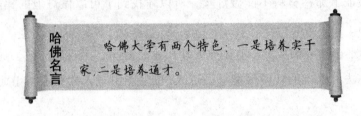

哈佛名言

　　哈佛大学有两个特色：一是培养实干家,二是培养通才。

　　艾略特出任校长时,对哈佛的人才培养目标进行了调整。他明确指出:"我们要培养实干家和能做出成就的人。他们成功的事业生涯可以大大增进公共福利。我们不要培养世界的旁观者、生活的观众或对他人的劳动十分挑剔的批评家。"

　　我们在生活中经常见到这样的人,他们最擅长的事情就是对别人指指点点,批评别人的缺点和不足。但他们却不能用行动证明自己比别人做得更好。相反,为了避免暴露自己的浅薄无知,他们尽可能不干实事。哈佛人认为,这样的批评家对世界毫无价值。他们的目标是成为实干家,为世界奉献真正的价值。

　　哈佛大学毫不讳言:多造就出总经理式的通才,就意味着办学成功。哈佛学子

【哈佛人这样说】

　　百年哈佛的每一位校长都有着自己不同的理念,但是他们却都有一个共同的目标,那就是把哈佛学子培养成一个天才、一个全才。

哈佛大学
HA FO DA XUE

入学标准高,成才率也高。历年来,哈佛大学入学分数几乎为全美最高分,录取率和毕业率亦居全美之冠。美国许多大学者、大作家、大诗人、大科学家、大实业家、大政治家都出自哈佛门下。哈佛大学获诺贝尔奖者多达37人,其中哈佛大学教授就占11人;在美国历届总统中哈佛学子多达8人。

培养通才的"哈佛模式"最主要的内涵就是格外注重素质,从学生招收、遴选到教学管理,从培养方式到综合实践,自始至终强调综合素质。

所谓综合素质是人的全面发展的能力,包括自我学习的能力、体育和文艺方面的才能、自我展示的能力(例如演讲辩论)、组织和领导的能力、社会活动和社会服务的能力等等。由于以哈佛为代表的美国的一流大学普遍都要求学生的综合能力强,使得想进这些大学深造的学生很小就开始培养自己的综合素质。在美国的高中里,看不起死读书的学生是普遍风气。

每个有机会进入哈佛的学生,体会最深的都是哈佛喜欢全面发展的学生甚于喜欢具有某方面天才的学生。哈佛着眼于培养未来各个领域的领军人物,综合素质是这类人物成功的必要条件。如果你拿过国际奥林匹克数理化金牌,但英语写作只在平均水平之上一点;或者你各科成绩都不错,但在社会活动方面很被动——你就不可能被哈佛招生人员喜欢。所谓全面发展,主要指的是优秀的学业、较强的组织能力和创新能力以及贡献于事业和社会的热情。

各门功课成绩好只能说明你聪明而用功。成绩稍差一点,但拿过州际或国际某些竞赛的冠军,更说明你有成功的潜能。另外如果你参加学校好几个俱乐部,只说明你兴趣广泛;但如果你主持某个俱乐部后,翻新花样,吸引加入俱乐部的人数翻倍,则表明

【哈佛人告诉你】
　　哈佛喜欢有创造性的学生甚于喜欢按部就班的学生。不管是学业还是社会活动都一定要有亮点。

你有感召力、有创意。

　　某种特殊技能(如音乐、体育和美术)只有在对哈佛有用时,才对录取有帮助。哈佛有许多运动队和乐队,另外有很多社团组织。美国大学很看重这些团体在对外比赛和表演中给学校带来的声誉。

　　此外,入学标准还要参考学生的管理能力测验(GMAT)的成绩。管理能力测验是美国为申请管理学校而专设的统一考试项目。测验学生的语言、数学和推理能力。该测试每年在世界各地举行5次。哈佛学生的GMAT平均分数在650分左右。

　　波士顿地区有个小镇阿克顿,它的高中2011年有4位学生考上了哈佛,除了优异的学习成绩,他们的社会活动成绩同样优秀。一位叫Mary的姑娘的综合素质的成绩报告简直令人吃惊:课外活动、演讲与辩论,连续3年获得全国参赛资格,多次获波士顿地区比赛第一、二名,州第三名,全美国第30名;学术十项全能团体第一名,州比赛五枚金牌、三枚银牌,全国比赛一枚银牌;领导能力,全国优秀学生联盟阿克

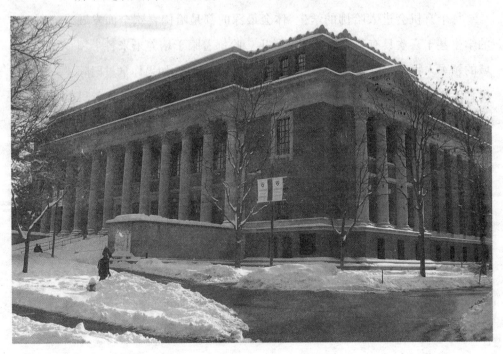

顿分会主席;奖励,西点军校特邀工作展,成绩优良奖、哈佛图书奖、全国拉丁文考试金牌。

另一位叫Alice的姑娘则突出了另一些方面:校刊主编,校高年级学生会主席,校环保社创始人,镇公所、爱默森医院及学校义工,女子曲棍球及田径队成员。从这两位被哈佛录取的学生的报告中,不难看出哈佛对学生的综合素质和全面发展的极端重视。这些要求不仅是对哈佛考生的要求,也是对哈佛在读学生的要求。

哈佛小百科

哈佛前任校长科南特说:"我们无法拒绝专业化,但又不能一味地强调专业化,因为一个完全由专家统治的社会并不是一个有条不紊的社会。因此,大学应该把个人培养成既是某一特殊职业艺术的专家,又是自由人、公民的普通艺术的专家。"在科南特看来,大学应该培养负责任的人和公民,培养情感和智力全面发展的人,培养集自由的人与专家于一身的人。

想成为行业领军人物,必须让自己成为素质全面的通才。只有这样,才能领导一群专才,干出不平凡的业绩。假如你仅仅精通某项专业技术,对其他业务一无所知,如何能恰到好处地指挥他人呢?假如你仅仅具有很高的才能,却没有令人赞赏的思想品质,如何能让他人心悦诚服地听从你的指挥呢?

在才干和品德两方面加强修养,是我们成就杰出的必由之路。

第六课　思考能拯救一个人的命运

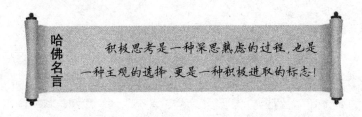

哈佛名言　积极思考是一种深思熟虑的过程,也是一种主观的选择,更是一种积极进取的标志!

　　哈佛有句大家熟悉的谚语:"一天的思考,胜过一周的蛮干。"积极思考是一种思维模式,它使我们在面临弱势的情形时仍能寻求最好的、最有利的结果。换句话说,在追求某种目标时,即使举步维艰,仍有所指望。事实也证明,当你往好的一面想时,你便有可能获得成大事的能力。积极思考是一种深思熟虑的过程,也是一种主观的选择,更是一种积极进取的标志!

　　为什么积极的思考会产生如此大的力量呢? 其实,积极的思考并不具有一种神奇的魔力,可以无中生有,给失业者变出一个工作,而是使人在思考中让一切都有迹可循,最终还得靠我们自己的行动。

　　一个普通人,由平庸变成伟大一点也不出人意料。他只不过是在别人尚不觉察和思考时及时调整了自己的思考角度,改变了自己的思考和行为方式,而且实事求是地及时采取了行动而已。

　　因此,积极思考指的是,在看待事物时,应考虑生活中既有好的一

哈佛大学
HA FO DA XUE

面,也有坏的一面,但强调好的方面,就会产生良好的愿望与结果。当你朝好的方面想时,好运便会来到。积极思考是一种对任何人、情况或环境所把持的正确、诚恳而且具有建设性的人生态度,同时也符合积极进取的思想、行为或反应。积极思考允许你扩展你的希望,并克服所有消极思考。它给你实现你欲望的精神力量、感情和信心。

也许有人会反驳说:"事实果真如此吗? 我在人生的路上就碰到过许多困难与挫折,我为此也读过不少具积极思考的力量的书,可是仍解决不了成大事的具体问题。"也许还有人会说:"是的,我也认为那一套没用。我的事业正陷入低潮,我也试过积极思考这一招,但我的生意依旧毫无起色。积极思考无法改变事实,要不然我怎么还会遇到失败呢? 如果你不承认这一点,那你就像鸵鸟一样,只顾把头埋在沙堆里,不肯面对现实罢了。"如果你也如此认为,如果你也对积极思考的力量持一种否定与排斥的想法,那就说明你并不完全真正了解积极思考力量的本质。一个积极思考的人并不会否认消极因素的存在,他只是学

【哈佛教授这样说】

在人的本性中有一种倾向：我们把自己思考成什么样，就真的会成为什么样子。

会不让自己沉溺于自我的弱势中。积极思考要求你在生活的一时一事中学会积极地进取。

对一个成大事的人来说，你的思考真可谓太重要了。如果你保持积极的思考，掌握了自己的思考，并引导它为你明确的成大事的目标服务的话，你就能享受到良好的结果。

在心中为自己勾画出一幅清晰的蓝图十分重要，因为预定蓝图的好坏、强弱，及你自己预想成大事或失败将会变成现实。

你是一个积极思考者吗？你能凭自己丰富的思考去淋漓尽致地拓展和发挥你的由弱而强的能力吗？请你看一看思考对于人类和历史的巨大作用：

使人类的生活更有意义，把很多人从困境中解脱出来的，都应归功于一些思考者——我们都得感谢人类的思考者啊！

在人类历史中，如果把思考者的事迹删去，谁还愿意去读那些枯燥无味的历史呢？思考者是人类的先锋，是我们前进的引路人。他们毕生劳碌，不辞艰辛，弓着背，流着汗，替人类开辟出平坦的大道来。现在的一切，不过是过去各个时代想象的总和，不过是过去各个时代想象的现实化。

如果没有思考者到美洲西部去开辟领地，那么美国人至今还徘徊在大西洋的沿岸。

对世界最有贡献、最有价值的人，就是那些目光远大，且有先见之明的思考者。他们能运用智力和知识来为人类造福，把那些目光短浅、深受束缚和陷于迷信的人解救出来。有先见之明的思考者，还能把常人看来做不到的事情一一变为现实。有人说，思考力这东西对于艺术家、音乐家和诗人大有用处，但在实际生活中，它的位置并没有那样的显赫。但事实告诉我们：人类各个行业的领袖都做过想象者。不论工业

界的巨头,还是商业的领袖,都是具有伟大的想象并持以坚定的信心、付出努力奋斗的人。下面让我们看一些具体的事例:

成大事者所具有的种种力量中,最神奇的莫过于有思考的能力。如果我们相信明天更美好,就不必计较今天所受的痛苦。有伟大思考的成大事者,即使是铜墙铁壁也不能挡住他前进的脚步。

一个人如果有能力从烦恼、痛苦、困难的环境,挪移到愉快、舒适、甜蜜的境地,那么,这种能力就是真正的无价之宝。如果我们在生命中失去了思考的能力,那么,谁还能以坚定的信念、充分的希望、十足的勇敢去继续为成大事而奋斗呢?

人生的成功者尤其善于思考,无论他们曾经多么苦难不幸、穷困潦倒,他们都不屈从命运,始终相信好的日子就在后面。商店里的学徒,可以幻想着自己开店铺;工厂里的女工,可以幻想着建一个美好的家庭;一个立志想成大事的出身卑微的人,幻想着统领千军万马。

实际上,有很多想改变自己弱势的人,除了太多的唉声叹气以外,都没有超人一等的思考力,不能为自己规划一幅思考的图画,并在这幅图画中增添新的和过去完全不一样的色彩,找到自己真正的成大事的力量,因而郁郁不得志。人只有具有了这些幻梦,才可能有远大的希望,才会激发自己内在的智能,增强自己的努力,以求得光明的前途。

但是我们必须告诉那些试图成大事的人:仅有思考还是不够的,有了思考,同时还须有实现思考的坚强毅力和决心。如果徒有思考,而不能拿出力量来实现愿望,这也是不足取的。只有那实际的思考——思考的同时辅之以艰苦的劳作、不断的努力,那思考才有巨大的价值。

像其他能力一样,思考的能力也可以被滥用或误用。如果一个人整天除了思考以外不做别的事情,只是把全部的生命力花费在建造他们那无法实现的空中楼阁上,那就会贻害无穷。那些思考不仅劳人心思,而且耗费了

> **【哈佛人告诉你】**
>
> "思考能够拯救一个人的命运。"要把思考变成事实,全靠我们自己的努力。

那些不切实际的思考者固有的天赋与才能。有了思考以后,只有付以不懈的努力,才可使思考变成现实。

当你处于消极状态的时候,用思考转换感觉,调整方向,是自我慰藉的唯一方法。一个人如果能靠积极的思考征服消极心态,对他的个人成长将是大有益处的。成大事者的习惯是:宁肯在思考上费尽力气,也不能不加思考地去随意行事。

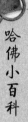

哈佛小百科

哈佛大学在初创时,只有教师1人,学生4名。目前,教师人数已超过2000,学生人数近2万,数量的发展是惊人的。哈佛在发展中并没有忽视质的提高,而是坚持质量并重。保证教育质量,除了指导思想明确以外,其比较重要的措施还有两条:一是充实和完善设备。"工欲善其事,必先利其器。"要知道,哈佛的教学设施、实验室、图书馆、博物馆等都是第一流的。二是重视人的素质。教师要严选,学生要精挑。对于学生的录取,哈佛是非常严格的,获准入学者只占申请者的10%~20%,大多数新生入学前的中学成绩为A等。因为教师阵容强,学生起点高,再加上物资设备等其他一些条件,才保障了哈佛有相当高的教育质量,才能在美国乃至全世界的高等学校中名列前茅。

现在,世界上著名的高等学府,都已成为"两个中心",既是教学中心,又是科研中心,哈佛就是其中的佼佼者。事实一再表明,教师水平再高,也需不断进修。哈佛的教师都有科研任务,而且哈佛的高年级学生或成绩优异者也在学习的同时,从事一定的科研工作。哈佛图书馆、博物馆,既是为教学、科研服务的机构,而且本身也从事教学和科研。哈佛大学做到了教学、科研两者相结合,两者相互促进,相得益彰。

第七课　要学会进行肯定的思考

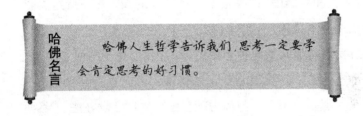

哈佛名言

　　哈佛人生哲学告诉我们,思考一定要学会肯定思考的好习惯。

　　哈佛人认为,人类的思考容易往否定的方面作用,所以肯定思考的价值愈发重要。如果经常抱着否定想法,必然无法期望理想人生的降临。

　　虽说是"学而不思则罔",但思考也要学会正确的方法习惯。是漫无边际地胡思乱想,还是有针对性地深入思考;是一味否定的疑惑与顾忌,还是在肯定中排疑解难——确实可能导致完全不同的人生态度和结果。

　　你的大脑可能经常有这样一种提问的习惯:"一个大人物是这样做的吗?"经常这么自问,你也许会变成一位伟大而成功的人物。

　　如何使成功的金科玉律成为自己的法则呢?答案其实很简单——必须养成肯定事物的习惯。如果不能做到这一点,即使潜在意识能产生再好的作用,仍终无法实现愿望。

　　相对于肯定思考的,就是否定性的思考;凡事以积极的方式即是

【哈佛教授这样说】

任何事物都有两面,至于我们所知所欲的境地,其实都是基于自己将意愿刻印在潜意识中的结果。如果对此一味悲哀,或无所适从,不但无法改变目前的状况,并且很难达到充实、幸福的理想。

肯定,而以消极的方式则是否定。有些嘴里硬说没有否定想法的人,事实上已经受到潜在意识的不良影响了。

有些人经常这样否定自己:"凡事我都做不好";"人生毫无意义可言,整个世界只是黑暗";"过去屡屡失败,这次也必然失败";"没有人肯和我结婚";"我是个不擅交际的人"……持这类想法的人,生活往往并不快乐。

当我们向他问及此种想法由何产生时,得到的回答多半是:"这是认清事实的结果。"尤其对于罹患忧郁症者而言,他们也会异口同声地说:"我想那是出于不安与忧虑吧!我也拿自己没办法。"然而,只要换成另一个角度去想,现实并不如你所想象的那么糟。例如有些人会想:"我虽然一无是处,但也过得自得其乐,不是吗?"肯定自我,有了乐观而积极的想法,你的人生才会找到新的方向和意义。

诸如失恋、失业之类的残酷事实，有时会无可避免地发生在我们身上，然而千万不要因此绝望地否定自己，从此一蹶不振。对一切事物的想法均在个人的一念之间，因此，肯定思考极为重要。此语并不涉及任何意念智慧的高低，而全赖思考的层面而定，亦即对于事物所思考的结果。

尤其当人处于绝望状态时，更应肯定思考。想想看，如果能在人生遭遇悲惨的时刻告诉自己："与其呼天唤地，不如改以积极的态度来面对！"其后的结果，也许连我们自己都意想不到，也许奇迹在某个时刻会突然降临在自己的头上。

当人们听到"好消息，我们碰上一个极好的机会……"时，他们的大脑也立刻会兴奋起来。但当他们听到某些事，如"不管我们喜欢不喜欢，总算找到了一个工作"时，他们会感到很枯燥、单调、丝毫也提不起精神来。当许下取胜的诺言时，你将看到人们的眼睛格外明亮，并将赢得支持。

哈佛小百科

独立思想是哈佛大学的第一教育原则。哈佛大学的环境不只是允许、而且鼓励人们从自己的特立独行中寻求乐趣，大学的主要努力方向就是使学生成为一个参与发现、解释和创造新知识或形成新思想的人。由此不难看出，教学也从以知识传授（transmission）为基础转变为教师指导下的学生自我教育（self—education）。学生一入校往往就会被反复教导：你们到这里来，为的就是思考并且学会思考。哈佛教授也自觉地把独立思想原则落实到教学的每一个具体环节中，创造一个平等、轻松和无拘无束的课堂气氛，从而以最大限度地激发学生独立创造和思想探索的积极性，与学生建立起一个合作伙伴关系而不是等级关系。

第八课　培养重点思维的习惯

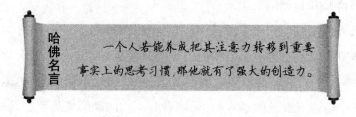

哈佛名言
　　一个人若能养成把其注意力转移到重要事实上的思考习惯,那他就有了强大的创造力。

　　哈佛人认为,在达成你的主要目标的过程中,你所能使用的所有事实都是重要而有密切关系的;你所不能使用的则是不重要及没有重大关系的。某些人因为疏忽而造成了这种现象:机会与能力相差无几的人所做出的成就却大不一样。

　　这样一来,他们就能比一般人工作得更为轻松愉快。由于他们已经懂得秘诀,知道如何从不重要的事实中抽出重要的事实,因此,他们等于已为自己的杠杆找到了一个支点,只要用小指头轻轻一拨,就能移动你即使你用整个身体也无法移动的沉重工作分量。

　　运用重点思维方法获得人生成功的例子不胜枚举,瑞典经营奇才卡尔森就是其中的一例。

　　卡尔森在学生时代就显示出奇特的才干。他出身于公务员家庭,就读于瑞典斯德哥尔摩经济学院。在校期间,学校的各种社交聚会都由他组织包办。他1968年毕业后,进温雷索尔旅游公司从事市场调研工作。3年以后，北欧航联出资买下了这家公司。卡尔森在温雷索尔旅游公司先后担任了市场调研部主管和公司部经理。由于卡尔森善于重点思维，能够抓住公司经营中的主要问题并予以解决，从而到了1978年，这家中等规模的导游机构就已发展成瑞典第一流的旅游公司。卡尔森的经营才华得到了北欧航联的高度重视，他们决定对卡尔森进一步委以重任。航联下属的瑞典国内民航公司购置了一批喷气式客机，由于载客量不足，无力偿付订购客机的钱。1978年卡尔森调任该公司总经理。担任新职的卡尔森，充分发挥了擅长重点思维的才干。他上任不久，就抓住了公司经营中的问题的症结：国内民航公司所订的收费标准不合理，早晚高峰时间的票价和中午空闲时间的票价一样。卡尔森将正午班机的票价削减一半以上，以吸引去瑞典湖区、山区的滑雪者和登山野营者。这样一来，顾客们在机场外面扎起帐篷，等候空座。卡尔森主管下的第一年，国内民航公司即转亏为盈，获得了相当丰厚的利润。

卡尔森认为，如果停止使用那些大而无用的飞机，公司的客运量还会有进一步的增长。一般旅客都希望乘坐直达班机，但是那些庞大的"空中公共汽车"却在从中作梗。DC-9客机由于座位较少，如果让它们从斯堪的纳维亚的城市直飞伦敦或巴黎，就能赚钱。但是原来的安排是，DC-9客机一般到了哥本哈根客运中心就停飞，硬是要旅客去转乘巨型"空中公共汽车"。卡尔森把这些"空中公共汽车"撤出航线，仅供包租之用，辟设了奥斯陆、巴黎之类的直达航线。

卡尔森抓重点最大的举措是"修旧如新"。

市场上的那些新型飞机，引不起卡尔森的兴趣。他说，就乘客的舒适程度而言，从DC-2客机问世之日起，客机在这方面并无多大的改进；他敦促客机制造厂改革机舱的布局，腾出地盘来加宽过道，使旅客可以随身携带

【哈佛人告诉你】
很多成功人士都已经培养出一种习惯——把影响到他们工作的重要事实全部综合起来加以使用。

更多的小件行李。卡尔森不会想不到,他的公司的飞机已使用达14年之久,但是他声称,诀窍在于让旅客觉得客机是新的。北欧航联拿出1500万美元(约为购买一架新DC-9客机所需要费用的65％)来给客机整容翻新,更换内部设施,让班机服务队员换上时髦新装。

卡尔森把整个公司划分为好多规模不等的"利润包干中心",规模大的涉及整个民航客运部门,规格小的仅限于斯德哥尔摩-伦敦一条航线。眼下,主管一条航线的经理是个有职有权的独立企业经营者,可以自由决定往返于两大城市之间的班机的时间和航次。

卡尔森鼓励经理们,如果能揽到一笔赚钱的好交易,跨出北欧航联的圈子也行。譬如,欧洲民航营业部曾绕过公司总部,自行将几架福克涡轮螺旋桨飞机租借了出去。技术部由于本公司任务不足,四处包揽修理活儿,部门层次重叠、统计报表泛滥成灾的现象已经绝迹。总之,卡尔森发给全公司16000名雇员每人一块金表。

即使是一个普通人,终日里也会面对各种纷繁复杂的事情,如果陷入琐事之中,会拖累得你焦头烂额。

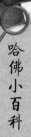

哈佛小百科

  虽然哈佛大学是一所综合性大学,却十分重视人文科学教育和人文素质培养。学校认为,未来社会中有很多人至少要改变一到两次主要职业,那么,如果受到的教育和训练不是过分专门化的或狭窄的,他们就可以成功地进行自我调整。在哈佛大学享誉世界的 "通识教育"(GeneralEducation) 的核心课程(CoreColumn)中,每个哈佛本科生都要修满涵盖八大学科领域、分为七大类的32门核心课程,其目的就是帮助学生提高批判性思维能力和想象力,并且学会发现和鉴别事实真相,坚持对事物进行严谨的分析,能够理性、历史地认识现实与道德问题,探求对他们所遇到各种情景的一个最透彻理解。

第九课　哈佛名人榜——美国总统
富兰克林·罗斯福

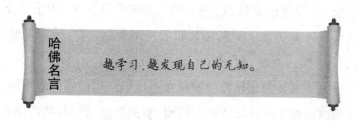

哈佛名言

越学习,越发现自己的无知。

富兰克林·罗斯福(Franklin Roosevelt),美国第32任总统。他出生于纽约州海德帕克镇一个富豪之家。从格罗顿公学毕业后,罗斯福曾一度想进安那波利斯市的海军学院,将来当一名海军军官。但年迈的父亲坚决反对,并耐心地解释说,作为能够继承财产的孩子,不应该选择海军职业。因为那会远离家乡,并且生活艰苦。而学习法律,则能使一个人将来从事任何一种职业。于是罗斯福就进了哈佛大学。1900—1907年在哈佛大学和哥伦比亚大学学习。后在纽约当律师。1910年当选为纽约州参议员。1913—1920年任助理海军部长。1920年竞选副总统失利。1921年8月患脊髓灰质

炎而瘫痪，但仍积极谋求民主党内团结。1928年当选纽约州州长。

1932年11月作为民主党总统候选人参加竞选，提出了实行"新政"和振兴经济的纲领，以压倒多数选票当选。1933年3月罗斯福入主白宫后，对内积极推行以救济、改革和复兴为主要内容的"新政"，他抛弃了传统的自由放任主义，加强政府对经济领域的干预，大力发展公共事业来刺激经济，使美国走出了经济大危机的低谷，重新走向繁荣，维护了美国资产阶级民主制度。在外交政策上，他使美国正式承认苏联，在拉丁美洲推行睦邻政策，并反对法西斯主义的扩张。第二次世界大战爆发后，促使国会修改《中立法》，1940年又签署《租借法案》，积极援助反法西斯国家。罗斯福就职后任用革新人物，采取果断措施，大刀阔斧地推行新政，仅用100天时间就稳定了全国局势，被一些资产阶级历史学家誉为扭转乾坤的救世主。第二次世界大战期间，罗斯福领导美国参加了世界反法西斯同盟，对战胜德、意、日法西斯做出了巨大贡献。这一切确立了他在美国和世界历史上的显赫地位。美国人往往把他与华盛顿、林肯并列，视为美国历史上最伟大的领袖之一。在1936年、1940年和1944年的大选中，罗斯福又连续当选，成为美国历史上唯一蝉联四届的总统。

"二战"后，美国的实力达到了巅峰。美国的海外投资和贸易市场遍布世界各地，黄金储备占世界的四分之三，工业生产占资本主义世界的70%，美国军事基地与海外驻军几乎伸向世界各个角落，并在一段时期内独家拥有原子弹。"二战"彻底摧毁了欧洲列强的霸权基础，维持两次大战之间国际秩序的凡尔赛—华盛顿体系土崩瓦解。在政治、经济、军事几方面均成为世界首强的美国再次面临构造"世界新秩序"的良机。因此，罗斯福任内，总统的权力极度膨胀，罗斯福空前绝后地四任美国总统，第二次世界大战的

【名人这样说】

美国第32任总统富兰克林·罗斯福曾说："读书是我唯一的娱乐。我不把时间浪费于酒店、赌博或任何一种恶劣的游戏。"

非常状态使美国人民赋予他巨大的权力。

1942年元旦,在罗斯福倡议下,中、美、英、苏等26国代表在华盛顿签署《联合国家宣言》,国际反法西斯同盟正式成立。1943年1月,罗斯福与丘吉尔在卡萨布兰卡会晤,决定盟军1943年的作战方针,宣布轴心国无条件投降原则。8月同丘吉尔在魁北克举行会议,讨论盟军在法国开辟第二战场的"霸王"计划。罗斯福积极支持中国的抗日战争,给中国提供物资援助,派遣军事人员协助中国军队对日作战。1943年11月,他与蒋介石、丘吉尔举行开罗会议,签署《开罗宣言》,要求日本无条件投降,日本强占中国的领土,其中包括东北、台湾和澎湖列岛等,应在战后归还中国;战后朝鲜应当独立等。

1905年3月,罗斯福与当时任美国总统的西奥多·罗斯福的侄女结婚。总统亲自出任证婚人。婚礼举行得异常隆重,宾客云集,但参加婚礼的人绝大多数是为了看总统,而不是看新郎和新娘的。这对年轻的罗斯福不能没有触动。1909年,罗斯福参加了纽约州参议员竞选活动,并一举获胜,从此开始了他的政治活动生涯。

哈佛小百科

自校长埃里奥特将德国大学的学术自由精神引入哈佛大学以来,学术自由一直是哈佛大学基本办学理念和完成大学使命的必要条件。在自由得到保证的前提下,注重人才培养质量和水平,是哈佛大学取得成功的一个重要因素。注重实际、立足社会是哈佛大学的传统,再分别通过科研、课程、任教和人才技能的改革和培养,实施以质量取胜这一策略。

第四章　确立人生目标，积极进取

实现明天理想的唯一障碍是今天的疑虑。

——哈佛学生、美国第 32 任总统

富兰克林·罗斯福

第一课　树立远大的目标

> **哈佛名言**
>
> 远大的理想是你伟大的目标,远大的目标是成功的磁石。

　　哈佛人生理念认为:目标愈高远,人的成就会愈大。我们都有这样的体会,当确定只走10公里的路程,走到七八公里处便会因松懈而感到很累,因为目标快到了;但如果要求走20公里,那么,在七八公里处则正是斗志昂扬之时。所以,远大的目标才能产生更深的远见,才可以追求更大的成功和幸福。

　　一个建筑工地上有3个工人在砌一堵墙。

　　有人过来问:"你们在干什么?"

　　第一个人没好气地说:"没看见吗?砌墙。"

　　第二个人抬头笑了笑说:"我们在盖幢高楼。"

　　第三个人边干边哼着歌曲,他的笑容很灿烂:"我们正在建设一个城市。"

　　10年后,第一个人在另一个工地上砌

> **【哈佛人告诉你】**
>
> 　　仅仅拥有理想,你不一定能成功;但如果没有目标,成功对你而言就无从谈起。

【哈佛人告诉你】

理想是人类特有的精神现象,这是同人生奋斗目标相联系的有实现可能的想象。

墙;第二个人坐在办公室里画图纸,成了工程师;第三个人呢,是前两个人的老板。

3个原本是一样境况的人,对一个问题的三种不同回答,反映出他们的三种不同人生目标。10年后还在砌墙的那位胸无大志,当上工程师的那位理想比较现实,成为老板的那位志向高远。最终不同的人生目标决定了他们不同的命运:想得最远的走得也最远,没有想法的只能在原地踏步。

理想反映了人们对美好未来的向往和追求。理想是人生奋斗的目标,是人的力量的源泉,是人的精神上的支柱。一个国家、一个民族不能没有远大的、被大多数人信仰的共同理想目标,否则就会形同一盘散沙,没有凝聚力、向心力,哪里还谈得上国家的强盛、民族的振兴?一个人同样不能没有理想目标,否则就会失去精神动力,不可能成为高素质的优秀人才。

　　理想目标是与一个人的愿望相联系的,是人们对未来的一种期待和设想,它往往和目前的行动不直接联系。但理想目标又不能脱离现实的生活,现实生活中的某些现象如果符合了个人的需要,与个人的世界观一致,这些现实的因素就会以个人的理想的形式表现出来;理想总是对现实生活的重新加工,舍弃其中某些成分,又对某些因素给予强调的过程,但它必须以对客观规律的认识为基础,符合客观规律。

　　能实现自己理想目标的人,对他个人而言,就是一个成功者,也是个幸福者。

　　远大的美好的人生目标能吸引人努力为实现它而奋斗不止。每当你懈怠、懒惰的时候,它犹如清晨叫早的闹钟,将你从睡梦中惊醒;每当你感到疲惫、步履沉重的时候,它就似沙漠之中生命的绿洲,让你看到希望;每当你遇到挫折、心情沮丧的时候,它又犹如破晓的朝日,驱散满天的阴霾。在人生目标的召唤下,人们能不断地激励自己,获得精神上的力量,焕发出超强的斗志。能执着了自己理想目标的人是不可打败的。

哈佛小百科

　　在哈佛大学的历史上,曾经有很多任校长,但是,只要提起哈佛的校长,埃利奥特都是一个无法错过的名字。1869年,埃利奥特(Charles William Eliot)这个名字出现在哈佛大学校长这个职务上,而且这一待就是40年,并且成为哈佛大学历史上校长任期最长的校长。

第二课　目标计划一定要切实可行

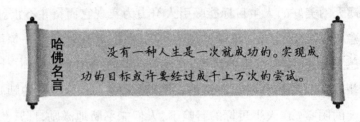

哈佛名言

没有一种人生是一次就成功的。实现成功的目标或许要经过成千上万次的尝试。

　　任何不切实际的目标和梦想,都只能导引你走向失败。假如你真的想飞,就得找出个可行的方法来。

　　设定目标时千万不可忽略一个重要的牵制因素:你必须仔细考虑所有的计划与梦想是否与现实吻合。也就是说,你所设定的目标真的可行吗? 如果脱离实际,你必须有所妥协,重新拟定,梦想才能真正可行。

　　任何不切实际的目标和梦想,都只能导引你走向失败。假如你真的想飞,就得找出个可行的方法来。你可以研究飞行的原理,使用滑翔翼来满足你的飞翔欲望,或是另行发明飞行方法;想要长出翅膀是绝不可能的。

　　当然,有大志才能成大业。也许有些目标今天看起来很遥远,有些梦想当时实现确实很难。为了崇高的人生目标,困难与失败虽然不可避免,但这一切都是值得的。你所花的时间、做的研究、历经的挫折,这些都是必然的过程；你或许会碰到许多阻碍，也可能会经历失败，但你经历的失败会带你更接近成功。

失败是人生最伟大的导师，但不可一败再败之后不知败因。当我们发现所选的道路有无法超越的阻碍，并严重脱离现实情况时，就必须在反省总结中再试另一种方法。这不等于中途放弃，而是在与实际相结合中发现成功的可行的方法。

【哈佛教授告诉你】

人不能老是梦想着靠偶然的机会就可以一夕成功，坐等着好运降临在自己身上；唯有目标可行并且身体力行，梦想才能变成现实。不过，无论你着手进行什么计划，总有人会说："那根本不切实际。"对他们来说，这计划或许不切实际，但他们不了解你，也不晓得你要如何完成梦想。只要你已仔细评估过梦想，觉得它相当可行，又有详尽的计划，不妨放胆去做，不必太在意别人的眼光。

然而，光凭努力是无法创造奇迹的。一个一点节奏感也没有的音盲，一心想要成为一名歌唱家，纵使用尽一生精力遍访名家名师，在根本不具备现实条件的限制下，他必然会遭到失败。

虽然成功就是找出目标，向目标前进，并且不断设定更新、更高的目标，但假如你设定的是不切实际的目标，失败必然在所难免；你更会因此而不断受挫，无法往前迈进。

很多人之所以会失败，往往是因为要么目标设得太空，要么目标设得太大。人是根本不可能一步登天的。达到目标的方法，其实就像蜘蛛织网一样，一次一条，交织而成坚固的网，才能捕住昆虫；所以，我们也该像蜘蛛一样，一步步好好打下基础，各条基线连结之后，方能坚固到可以抓住目标。

就像是一个教师，要完成一学期的授课目标，就要涵盖许多主题，他既不能一堂课就全部讲完，也不能天天上课来加快授课进度。为了达成教学目的，他必须制订教学计划表，将偌大的主题分成每月、每周的教学单元。唯其如此，他才能

【哈佛人告诉你】

　　每个人都要有这样的信念：坚信设定目标的重要，并将切实可行的目标详实写下来，时时提醒自己，以便激励自己时刻全力以赴。有时候，设定的目标也许会无法达成；但当你回顾、评估目标、了解失败的原因所在时，仍然坚持不懈地努力。这样的人，是没有任何力量可以阻止他成功的。

达到目标。而其中的教学计划表就是教师的务实行动的基础。

　　有些人常将目标设定为："我想成为第一名业务员"、"我想环游世界"或"我想在两年内赚到200万美元"。这些目标本身并没有什么不妥，但如果你真的想实践，就会发现这样的任务太大了。

　　你必须将目标分解成每天、每周、每月可能管控的行动。这么做的确是很难，需要耐心、毅力、恒心；但是，每当较小的目标完成后，你会更有信心去走下一步。

　　常常，我们会觉得自己浑身乏力，只想偷闲一下。这时候，你更应

该采取行动，走出户外，拿起电话，写封信函，定个约会，试试新鲜事，不论什么事都可以，就是不要懒散下来。

当你有活力、有时间时，就该尽量多做一些；否则，随着时间过去，你会愈加精神涣散。因此，当我们每次心念一动想做些事情时，就该立即动手。长此以往，坚持下去，终有一天，你会惊奇地发现：你已经站在成功的人生之巅了。

哈佛小百科

在哈佛大学中，有一个莱德克利芙学院。莱德克利芙学院建于1879年，专收女生，是美国一所著名的女子学院，也是一个誉满全球的妇女学术团体。学院最初名为"哈佛附属学院"，在成立15年后，又以安·莱德克利芙的名字进行命名。1894年，在查尔斯·艾略特的倡议下，原本只招收女生的莱德克利芙女子学院开始正式并入哈佛大学。这所在当时7所女子学院中有"女子哈佛"之称的学院在并入哈佛后，曾引发了很多人的争议，其中有人同意，也有人反对。

第三课　只要花你20分钟的时间

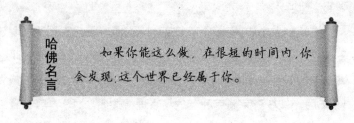
哈佛名言

如果你能这么做，在很短的时间内，你会发现：这个世界已经属于你。

现在最重要的是，请马上依百年哈佛人生教育的下列建议开始进行练习。

请准备一支笔、一张纸，读完以下内容后，就可以开始培养自己立即行动、迅速实行新想法的习惯。因为如果你延迟了24小时再行动，很可能就永远不会去行动。更糟的是，这样会养成只想不做、永不行动的坏习惯。下面是快速设定目标的三个步骤：

第一步，把自己未来一年内想完成的目标写出来。不管是晋级、结婚、减肥、增加收入、换部好车、更换工作、改善人际关系、出国旅游，只要把它写下来就对了。

写下十项目标就会改变你，也会让

【哈佛人告诉你】

一旦知道自己想要什么，设定目标其实就没那么困难。然而，对许多人来说，这似乎不太容易。但有些方法可以帮你决定什么是最重要的目标，也能助你完成这些目标。这就是哈佛人生教育中所主张的用最短的时间设定自己的目标，并立即行动。

你成为美国排名前3%的人物；因为，根据统计，美国有3%的人会将自己的目标写下来。假如你真的写了下来，一年后，你会为自己大部分的目标已然实现感到惊奇；届时，虽然你早已忘记写了些什么，却已在不知不觉中完成了它们。

第二步，在你所列出的若干目标中选出最重要的一项。请先自问："哪一个目标实现之后，对我的人生有最大的影响？"依此标准挑出一个最重要的目标来，写在清单的第一项。

假定这个首要目标是要年内当上部门主管，请将这一目标化为疑问："我要怎么做才能做到主管的位置？"问题要写得愈详细愈好，因为如此一来，你的潜意识就会针对这个问题进行详细分析，并有针对性地采取行动。

第三步，针对最重要的目标，强迫自己列出达到目标的方法，越多越具体越好。

你会发现，头几个答案会比较好写，愈到后头就愈难想出来。当你写完之后，可能早因绞尽脑汁而疲惫不堪，尽管如此，还是请你打起精

神,从中挑出最显眼、最吸引你的一个方法,立刻着手进行。

这三个步骤只需花你20分钟。如果你能依言而行,未来一年的生命就会全然不同。你会比以前更有成就、更快乐,也会觉得自己更坚强,对未来更有控制权;你会赚更多钱,事业更平顺,人际关系更好。

这个练习是对自己的真正考验,却花不了你多少金钱、时间。你只须写下若干项目标,选出最具影响力的一个,尽可能多地找到并写下来达成此目标的方法,并且立刻挑出一个方法来执行。如果你能这么做,在很短的时间内,你的人生会有重大改变,你会发现:这个世界已经属于你。

哈佛小百科

  在哈佛大学里有数不清的建筑。在这样一座有着 300 多年历史的校园里,每一幢建筑背后都蕴含着一个故事,威德纳纪念图书馆的由来就是其中最动人的故事之一。

  1912 年,航行在北大西洋上的泰坦尼克号撞上冰山下沉时,游客们纷纷逃到甲板上拥向小船,偏有一个叫威德纳的青年逆向而行奋力返回船舱,仅仅是为了抢救一本弗郎西斯·培根的散文集。不幸的是,威德纳和散文集连同泰坦尼克号一起下沉了。这个爱书胜过生命的青年人是哈佛的学生。

第四课　让目标和计划具有弹性

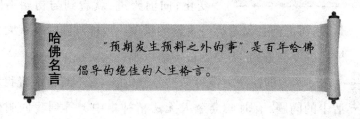

哈佛名言

"预期发生预料之外的事",是百年哈佛倡导的绝佳的人生格言。

　　我们必须随时准备面对出乎意料的情况——这些情况会引我们走向未曾计划之处。我们必须知道,通往成功的道路往往迂回曲折,一定要预先做好应对准备。

　　百年哈佛人生哲学提醒人们记住:你所设定的目标和计划必须要具有一定的弹性,僵化、教条式的目标计划是糟糕的,而这比没有计划目标更糟糕。因此,实施任何一个计划,必会导致我们有所改变。所以,我们必须具备调适能力,而可随时修正、改进这个计划。

　　公元1世纪有句欧洲格言:"不容许修改的计划是坏计划。"的确如此!

　　人生中有件事相当无奈,每个人在展开新历程之时,无法确切了解,自己究竟走向何方;无法完全清楚,究竟该如何达成目标。我们边走边学,假如愿意调整方向,则这些新学到的东西会颇有助益。

　　除非我们踏上追求目标的奋斗旅程,否则有一些资讯永远无法加

【哈佛人告诉你】

我们着手做事,不论对错,都会得到反馈;而这些反馈的信息,大多是我们追求成功最初阶段时所无法获得的,必须实际行动之后才产生的新资讯;不仅充实我们既有的策略,补足若干先前未曾发现的细节内容,还可以指引我们调整大小方向。

以处理。这些新资讯,在我们努力清扫路途障碍的过程中,才能绽放光芒,发挥作用。

也唯有在我们朝梦想迈进时,才能从这些新资讯中,解读出新的机会。有些东西远看眩人,趋近一看,却平平常常;有些东西远看似乎混沌,但愈靠近愈见光彩夺目。人生旅程的景观一直在变化;向前跨进,就看到与初始不同的景观;再上前去又是另一番新的景象。要能够随时掌握人生目标的进度与方向,需要勤奋不懈以及持久耐心。

一个人的注意力很容易被分散,而一直不断包围着我们生活中的问题,有时候会令人无法精神集中。等到我们明确知道我们身在何处时,我们的人生目标早已被遗忘,梦想早已被粉碎。

每日、每周或是每月做一次确认工作,能够让人把握正确的方向,并且非常真实地给人激动与成长。做确认工作意味着你必须和已经成为成功人士的人多多交往、学习。

切记,要不断地找寻那些比你有成就感、在某件事做得比你好的人,作为学习模仿的对象。市面上,常出版一些关于如何自省的新知与技巧,或关于某些人如何完成一些伟大的成就,发表出如何将事情做得更好的理论与方法的书籍,供你参考。避免与终日抱怨、满脑子负面理想的人为伍。要战胜脑子里存在的负面思想,要接受更多积极、正面的鼓舞。换言之,就是你在自己心灵的窗口为自己站岗、把关,当正面或负面的思想抵达门口时,你的工作就是决定该让何种思想通过。

当然是让正确思想顺利过关,将负面思想阻挡在外。假设你最终的人生目标是在你的城市创造一个最大而且最成功的企业。随着岁月流逝，你的知识及经验都不断地成长，你也许会发现，你早期的人生目标在不知不觉中扩展了！重点是在把握你所进行的方向，当失去这个方向的时候问题将会接二连三地出现。

不要让你其他附属的或次要的目标，影响或改变你最终的人生目标。它们存在只是为了帮助你早日达成人生目标，不是来改变你人生的方向。在你人生的旅途中，附属次要目标在一段时间之后可能会扩展甚至改变方向，也可能创造出新的目标或去掉一些目标，但最终的目的只有一个：那就是要达成最终的人生目标。

因为这个缘故，在人生道路前进时，要有调整方向的弹性。

百年哈佛在研究现代人生中发现：近代史上，犹太民族中有一群人特别成功，那就是在第二次世界大战中，曾被囚禁于纳粹集中营而幸存的人。拿这群人和战前即迁居美国的同龄犹太人做比较，结果发现，平均而言，这批幸存者的教育程度要低得多，但日后的事业成就却大得多，收入也较后者高得多，同时这些幸存者更能够热心从事社会服务工作。探究原因发现，这些历经苦难折磨却颇有成就的人，普遍具有共同的特质，其中最重要的两点是：

首先，他们随时准备主动展开新任务，且能针对环境变化随时进行调整与调适。20世纪的人类生存法则始终在向我们提示：调适就是生命，生命就是调适。只要朝着积极的方向改变，便毋须羞耻。

很多人明明接收到新信息，却好像

【哈佛教授这样说】

你千万不能将自己的目标局限在某一个可能随时会结束的方向上！应该选择一个方向，能够包容改变，并从改变中吸取经验，获得利益。

很难据此改变既有计划。他们拉不下脸承认错误,也不肯重新考虑原来的目标策略或方法,只好硬着头皮,继续实施错误的计划。成功稍纵即逝,愈快改正错误愈好。

另外,他们总是重新检讨路径或谋略,在改变与调整中一步步接近自己的目标。聪明的人都了解,最好的计划是在资讯不齐全的情况下制订的。机警的人一边将计划付诸行动,一边加强搜集资讯。

从中看出,犹太民族中的一些人的成功,在于他们借由持续不断的亲身经历,想尽办法对人生目标和计划进行妥善的修正。一连串实现梦想的过程,就是一个不断修正目标或方法的过程。

我们所生存的世界,既复杂又是动态的,不断会有变化;假如生活中没有经常遭遇些令人惊慌之事,那才奇怪。

我们必须随时准备面对出乎意料的情况——这些情况会引我们走向未曾计划之处。我们必须知道,通往成功的道路往往迂回曲折,一定要预先做好应对准备。从出发点A到终点Z不太可能是完全笔直的

线,我们时而偏左,时而偏右。如目标定得足够清楚明确,有一定的弹性,在进行的过程中,可根据实际情况,将这一切迂回曲折,统统纳入到我们的计划中。假如内心有明晰的前景蓝图,信心坚强,计划周全,具备随时调节的灵活弹性,便能对人生路上一切状况应对自如。前景蓝图和信心两者皆极其重要,一个人对自己期待获得之事物,或正要前往之方向,欠缺明晰的蓝图,容易把事情变得既复杂又困难,迂回曲折,白走许多冤枉路。

哈佛小百科

　　哈佛大学的哈佛燕京学社很有名,它是研究东亚文化的基地,为美国与中国及东亚学术交流搭起了一条重要的桥梁。从外表上看,哈佛燕京学社很不起眼,只是一幢二层小楼,在哈佛校园里的许多风格别致的建筑中,显得十分普通。但是它资助过的学者遍及世界各地,尤其是中国及东亚地区。哈佛燕京学社发展至今已 80 余年,学术交流越来越多,影响越来越大,与历任社长的苦心经营是分不开的。该学社至今有过 6 位社长。学社取得成功的一个重要途径就是细水长流。学术项目如此,历任社长也是如此。

第五课　锲而不舍地追求目标

哈佛名言

如果你制定了目标，又定期检查进度，你自然就把重点从工作本身转移到工作成果。

衡量成功的尺度不是看做了多少工作，而是看达到目标的程度如何。追求目标应如同情场锲而不舍的白马王子，直至征服骄傲的公主为止。

然而，不成功者常常混淆了工作本身与工作成果。他们以为大量的工作，尤其是艰苦的工作，就一定会带来成功。但任何活动本身并不能保证成功，并不一定是有利的。一项活动要有用，就一定要朝向一个明确的目标。也就是说，成功的尺度不是做了多少工作，而是做出了多少成果。

目标有助于我们避免这种情况发生。如果你制定了目标，又定期检查工作进度，你自然就把重点从工作本身转移到工作成果。单单用工作来填满每一天，这看来再也不能接受了。做出足够的成果来实现目标，这才是衡量成绩大小的正确方法。随着一个又一个目标的实现，你会逐渐明白要实现目标需要花多大的力气。你往往还能悟出如何用较少的时间来创造较多的价值。这会反过来引导你制定更高的目标，实现更伟大的理想。随着你的工作效率提高，你对自己、对别人也会有更准确的看法。

被百年哈佛称为"人生教科书"的美国石油大王哈默就是一个成功的典型。

哈默是一个美国的实业家兼商人。他追求目标，有一种锲而不舍的精神。正是这种锲而不舍的追求精神，成就了他的创富大业。有一次在一块租借地上连打3口井，滴油未见，合伙人要求撤下，但哈默凭第六感觉认为有油，坚持打下去，果然打出了8口高产油井。

事情还得从头说起。

1969年的哈默踏上了利比亚的土地。国王伊德里斯一世在王宫的宴会上对哈默说："真主派您来到利比亚。"这话表示了这位胡子全白的西奴西部落的领袖对哈默这个世界出名的人物的尊重与敬佩。

哈默到了利比亚才发觉，除了美国为维持其轰炸机基地而支付的费用外，利比亚几乎无其他外来财政资助。在早年意大利占领期间，墨索里尼为寻找石油花费了千万美元而一无所获。埃索石油公司也花费了数百万美元，打了好几口井仍不出一点油，只好打道回府。另外还有壳牌公司，耗资5000万美元打出的全是废井。法国公司也好不到那里去。

只是当埃索公司准备撤离时，却打出了一口油井。于是许多人又重新对利比亚这块土地产生了兴趣，认为说不定这里是一块聚宝盆。

哈默到达利比亚时，正值利比亚政府准备进行第二轮出让租借地的谈判。出租地大多是原先某些公司所放弃的地域。根据利比亚法律，各国的石油公司应尽快开发其租得的地域，如开不出油，就须将部分租借地归还利比亚政府。

谈判开始后，来自9个国家的40多个

【哈佛教授这样说】

有些人的一生，只是遵守着自己的本能、习惯、传统、先例、过去的经验、惯例，虽然干活很卖力，但毫无成果。许多人生的失败者就是单纯地以为忙碌就是成就，干活本身就是成功。

公司参加了投标。这些公司大致分为三类：第一类是财大气粗的国际性大石油公司，像埃索、美孚、壳牌等；第二类是像哈默的西方石油公司这样的第二梯队，它们的规模较小，但具有行业经验，利比亚也希望其参与竞争；第三类是一些投机性的转包公司，希望得标后再转手卖出，以从中渔利。

尽管哈默同伊德里斯国王建立了私人良好关系，但公司的势力还是很有限的。哈默与匆匆赶来的董事们分析了第二轮谈判的形势，在4块租借地上投了标。等到开标时，哈默得到了其中的两块。一块是被壳牌等几家组成的"沙漠绿洲"财团认为无望出油而放弃的；另一块是莫尔比石油公司耗资百万美元却尽是干井匆匆撤走的地块。

哈默对得标的两块地并不很满意。但他还是下了大本钱，立即开始打井。刚开始，公司在第一块租借地打的头3口井滴油不见。西方石油公司第二大股东里德坚持要撤出利比亚，说："这里不是我们这样的小公司应该去的地方，已扔了500万美元，还能扔得起多少？"

这是一番经验之谈。小公司不可能花大本钱开采这种没有几分把

握的地块。但是哈默的第六感觉却促使他坚持在这里打下去。他认为不应该放弃最后的努力。

几周后，一台西方石油公司的钻机在几家优柔寡断的大石油公司所放弃的地块下面钻出了油，接着又打出了8口油井。而且这是一种异乎寻常的高级原油，含硫量极低，每天可产10万桶原油。

更重要的是，这个奥吉拉油田在苏伊士运河以西，产出的石油通过地中海和直布罗陀海峡，不到10天就可以运抵石油奇缺的欧洲国家。而当苏伊士运河不通时，大量的阿拉伯石油被迫绕道好望角，历时两个月才能运抵欧洲。

与此同时，哈默的好运气又在第二块租借地上出现了。西方石油公司利用新的地震勘探技术，仅耗资100万美元就打到了一口珊瑚礁油藏，不用油泵，石油也会无休止地喷涌而出。不久又打出了第二个日产7.3万桶原油的珊瑚礁油藏。

至此为止，哈默这个规模不大的西方石油公司竟成了利比亚最大油田的主人。他得到了比奇特尔公司的支持，着手进行一项耗资达1.5亿美元的油田开发计划。要铺设一条耗资巨大的输油管道，全长130英里，日输送原油100万桶，是利比亚境内最大的输油管。

哈默这种"追求目标，不放弃最后的努力"的执著精神，是我们每个人都必须学习的。浅尝辄止，遇难就退，是做事的人忌。

哈佛小百科

歌德曾说："音乐是流动的建筑，建筑是凝固的音乐。"

贝聿铭，美籍华人建筑师。1983年普利兹克奖得主，被誉为"现代建筑的最后大师"。贝聿铭为苏州望族之后，1917年出生于广东省广州市。1944年进入美国哈佛大学建筑系学习，师从建筑大师格罗皮乌斯和布鲁尔。贝聿铭的作品以公共建筑、文教建筑为主，被归类为现代主义建筑，善用钢材、混凝土、玻璃与石材。他的足迹和作品遍布世界各大城市。他是当之无愧的世界建筑大师。在美国有许多博物馆、艺术馆、商业中心、大厦、钟楼，甚至还有摇滚音乐厅都是他以独特的创意设计的。据统计，半个世纪以来，贝聿铭设计的大型建筑在100座以上，获奖50次以上。

第六课　不要自我设限

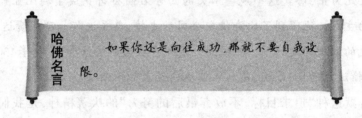

哈佛名言　　如果你还是向往成功,那就不要自我设限。

在哈佛,有人曾经做过这样一个实验:他往一个玻璃杯里放进一只跳蚤,发现跳蚤立即轻易地跳了出来。再重复几遍,结果还是一样。根据测试,跳蚤跳的高度一般可达到它身体的400倍左右。

接下来实验者再次把这只跳蚤放进杯子里,不过这次是立即同时在杯上加一个玻璃盖,"嘭"的一声,跳蚤重重地撞在玻璃盖上。跳蚤十分困惑,但是它不会停下来,因为跳蚤的生活方式就是"跳"。一次次被撞,跳蚤开始变得聪明起来了,它开始根据盖子的高度来调整自己跳的高度。再一阵子以后呢,发现这只跳蚤再也没有撞击到这个盖子,而是在盖子下面自由地跳动。

第二天,实验者把这个盖子轻轻拿掉了,它还是在原来的这个高度继续地跳。3天以后,他发现这只跳蚤还在那里跳。

一周以后发现,这只可怜的跳蚤还在这个玻璃杯里不停地跳着,其实它已经无法跳出这个玻璃杯了。

哈佛大学
HA FO DA XUE

生活中，是否有许多人也在过着这样的"跳蚤人生"？年轻时意气风发，屡屡去尝试成功，但是往往事与愿违，屡屡失败。几次失败以后，他们便开始不是抱怨这个世界的不公平，就是怀疑自己的能力，他们不是千方百计去追求成功，而是一再地降低成功的标准，即使原有的一

【哈佛教授这样说】

很多时候，没有成功的原因在于潜意识里的自信心不够。其实我们需要做的，是去为成功找方法，而不是为失败找借口。哈佛主张这样的精神：坚持不懈地努力，永无休止地奋斗，战胜种种艰难险阻，这就是成就大事业需要付出的代价。

切限制已取消，就像实验中的"玻璃盖"虽然被取掉，但他们早已经被撞怕了，或者已习惯了，不再跳上新的高度了。人们往往因为害怕去追求成功，而甘愿忍受失败者的生活。

难道跳蚤真的不能跳出这个杯子吗？绝对不是。只是它的心里面已经默认了这个杯子的高度是自己无法逾越的。

让这只跳蚤再次跳出这个玻璃杯的方法十分简单，只需拿一根小棒子突然重重地敲一下杯子；或者拿一盏酒精灯在杯底加热，当跳蚤热得受不了的时候，它就会"嘭"的一下跳出来。

人有些时候也是这样。很多人不敢去追求成功，不是追求不到成功，而是因为他们的心里面也默认了一个"高度"，这个"高度"常

常暗示这些人的潜意识：成功是不可能的，是没有办法做到的。而一旦打破了这个高度，不再给自己以失败的暗示，那人也能"跳"出来，也可以离成功更近。

经历越多，碰壁就越多，就越发害怕失败，这就是我们平时所说的胆子越来越小。

每天都大声地告诉自己：我是最棒的！我一定会成功！当我们放纵之时，或许就会惊觉，我们曾坚持的信念仍旧没有变也没有错：没有什么是不可能的。

哈佛小百科

赵小兰(英文名 Elaine Chao)，美籍华人。2001 年 1 月 11 日，当选总统乔治·沃克·布什提名她出任劳工部长。她是美国历史上第一位进入内阁的华裔，同时也是内阁中第一位亚裔妇女。赵小兰的丈夫是现任美国参议院共和党领袖米奇·麦康奈尔。她于 1961 年移民美国，1971 年中学毕业，1975 年毕业于荷里克山大学，1979 年以全 A 成绩获哈佛大学商学院企业管理硕士学位。1983 年至 1984 年当选为"白宫学者"，担任白宫高级官员的助手。1986 年出任联邦航运署副署长，不久又转任美国银行高级副总裁。1988 年被里根总统任命为联邦海运委员会主席，1989 年又被布什总统任命为交通部副部长。1991 年至 1992 年，出任美国和平工作团团长。1992 年至 1996 年担任美国最大慈善事业——美国联合慈善基金会主席。1996 年出任美国智囊组织传统基金会研究员，1998 年任该会亚洲研究中心顾问委员会主席。直至 2001 年当选劳工部部长。赵小兰竭尽自己的才华和实力，以勤奋工作和勇于献身的精神，走出了一条通向理想境界的道路。

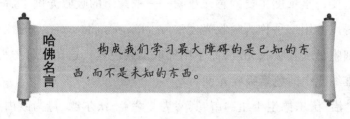

第七课　哈佛名人榜——美国科学家
乔治·沃尔德

哈佛名言

构成我们学习最大障碍的是已知的东西，而不是未知的东西。

乔治·沃尔德（George Wald，1906年11月18日—1997年4月12日），美国科学家，以其研究视网膜色素的作品闻名，1967年与霍尔登·凯弗·哈特兰（Haldan Keffer Hartline）和拉格纳·格拉尼特（Ragnar Granit）共同获得诺贝尔生理学或医学奖。

在获得博士学位之后成为研究员的乔治·沃尔德发现视网膜是由维生素A组成的。他更进一步的实验显示当视紫质（rhodopsin）的色素暴露于光线下时，它会产生视蛋白（opsin）及一种包含维生素A的混合物。这说明维生素A是视网膜不可缺少的元素。

在20世纪50年代，沃尔德及他的

【名人这样说】

英国文艺复兴时期最重要的散文作家、哲学家培根曾说："读书使人充实，讨论使人机智，笔记使人准确……读史使人明智，读诗使人灵秀，数学使人周密，科学使人深刻，伦理使人庄重，逻辑修辞使人善辩。凡有所学，皆成性格。"

同仁用化学方式将视网膜的色素抽出来。之后，他们用紫外分光光度计（spectrophotometer）来量度色素的吸收光度。由于色素的吸收光度相当于其感光细胞（photoreceptor cell）能感觉到的最活跃的波长，因此这实验显示出了眼睛能感觉到的波长的极限。可是由于视杆细胞构成了视网膜的大部分，因此沃尔德及他的同仁主要还是量度主要的感光色素——视紫质的吸收光度。后来，沃尔德得以使用一种称为吸收光度法（microspectrophotometry）的技术，直接从细胞量度其吸收光度，而不用抽取出其色素。这让沃尔德得以断定视锥细胞中的色素吸收光度。

乔治·沃尔德生于纽约市，其父为艾萨克·沃尔德，母为欧内斯廷·罗森曼（Ernestine Rosenmann），他们都是犹太移民。1922年，沃尔德毕业于纽约市的布碌伦技术高中。1927年，他在纽约大学获得了他的科学学士学位，并于1932年在哥伦比亚大学获得动物学的博士学位。毕

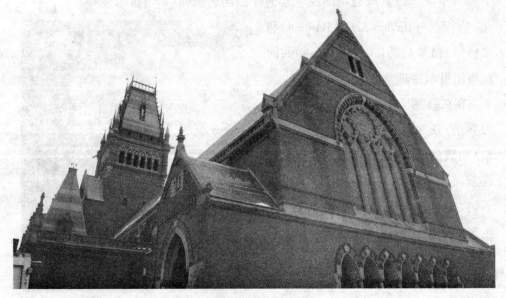

业后,他得到美国国家研究理事会的旅行许可。沃尔德用此许可到德国与奥托·海因里希·瓦尔堡(Otto Heinrich Warburg)一同工作,在那里,他鉴定了视网膜中的维生素A。之后,沃尔德跟维生素A的发现者保罗·卡雷一起到了苏黎世及瑞士工作。沃尔德之后在德国海德堡短暂地与奥图·迈尔霍夫一起工作过,但在1933年阿道夫·希特勒执政时,在欧洲生活的犹太人越发显得危险,于是他离开了欧洲,到了芝加哥大学。1934年,沃尔德到了哈佛大学成了讲师,后来当上了教授。他于1950年获选加入美国国家科学院,并于1967年凭其对视觉的发现及成就获诺贝尔生理学或医学奖。

沃尔德曾对于很多政治及社会事情做出评论,而由于他是诺贝尔奖得主,因此全世界都很注意他的观点。他不断地发表评论,反对越南战争和核军备竞赛(nuclear arms race)。

1986年,沃尔德及其他一些诺贝尔奖得主被邀前往莫斯科,与米哈伊尔·戈尔巴乔夫商量有关环境问题。在那里,他问了戈尔巴乔夫有关伊莲娜·波娜(Yelena Bonner)及其夫诺贝尔和平奖得主安德烈·萨哈罗夫(Andrei Sakharov)被拘留并被放逐到下诺夫哥罗德的问题。沃尔德报告说,戈尔巴乔夫当时表示自己并不知道任何关于该事件的资料。在这不久之后的1986年12月,波娜和萨哈罗夫获释。沃尔德逝世于马萨诸塞州剑桥。

哈佛小百科

　　在课程的教学方式上,哈佛商学院是典型的代表,其轰炸式的教学方法,培养了学生敏锐的思维反应能力和良好的心理素质。在轰炸式的案例教学中,学生被强迫扮演各种不同的角色,无论是商人还是律师,都旨在使自身利益最大化。

第五章　把优势化为成功

一诺千金，诚信无价。你要让你的信用代表你。

——哈佛人生哲学的核心理念

第一课　忠诚如一的人生是无价的

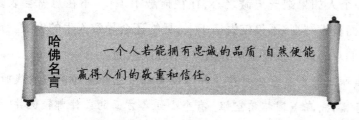

哈佛名言　　一个人若能拥有忠诚的品质, 自然便能赢得人们的敬重和信任。

　　一个人若能拥有忠诚的品质, 便能赢得人们的敬重和信任。相反,一个人如果缺乏忠诚之心, 往往掩蔽不了, 一不在意就会表露出来, 从而遭人鄙视和唾弃。

　　备受哈佛师生推崇的罗宾先生, 曾讲过这样一个他亲身经历的故事:

　　我参加过的婚礼弄不清有多少次, 时间久了大都没有什么印象, 可在两年前我出席的婚礼上的一个小情景, 却让我常常回味。新娘在一所高校任教, 漂亮可人, 又有好人缘。那天宾朋满座。代表来宾致辞的是在她学校交流的外籍女教师。她向大家讲了一个小故事:有一次她和这位新娘一起到机场送一个回国的日本教师。在行李检查处, 有人从衣服的口袋里滚落一枚一角的硬币。可能是不在乎这区区一角钱, 没有捡起, 这样后面的人便踩了上去;这个今天的新娘弯腰将一角硬币捡了起来, 并用手轻轻地拂去上面的尘埃, 快步向前, 把这枚硬币

【哈佛教授告诉你】

一个人若能拥有忠诚的品质，自然便能赢得人们的敬重和信任，这是多少金钱都无法换取到的。忠诚无价，她对一个人的生活和事业实际上有着无穷的益处。

交给那人。对方起初觉得尴尬，不肯接收，甚至面有愠色，她便对那人说道："先生，你可以不在乎这一角钱，但在这上面有我们的国徽，不能践踏！"说完这个故事，这位外宾对在场的人讲道，这个新娘对国家如此忠诚令人敬重。在个人感情上，我相信她也将忠诚如一，用真挚的爱心与她的先生共筑幸福的家园。

一个人如果缺乏忠诚之心，往往掩蔽不了，一不在意就会表露出来，从而被人鄙视，不仅仅失信于人，最终还会导致人生的失败。可以说，人们对忠诚的重视是不分国界、不分肤色的。

国外某著名航空公司在开辟该国首都至芝加哥的国际航线时，因为业务需要，在美国招聘空姐。有个小姐各方面的条件都较优异，被航空公司的人事考官看好，拟作为领班。在面试就要结束时，该主考官问了一个小问题："公司准备在本国用3个月的时间对所有受聘人进行一次培训。这样的话，你远离自己的国家和亲人，在生活和感情上能适应

吗？"这位小姐回答说："我离家在外已经有几年了，自己一个人生活已习惯了，至于出国嘛，也没关系，说实在的，在这儿我早已待腻了！出去不是更可以多见识吗？"主考官听到这话，脸上的笑容马上消失了，待她走出门后，就在她的表格上写上了"NO"，并对其他人解释道："一个对自己的国家都不忠诚的人，又怎会忠诚于公司呢！"

不论人心与世风如何变化，可忠诚这一优良的品质，永远焕发着它的光芒，人们越加视之为珍宝。但愿在我们的一生里，都能永久地以这一可贵的品质去待人处事，且以此拓展自己的基业。那么，我们的生活、事业和爱情，都将因忠诚这一品质的滋养和支持，得以幸福、成功和美满。

哈佛小百科

国际著名大提琴家马友友 1955 年 10 月 7 日出生，祖籍是浙江省鄞县(现为宁波市鄞州区)。他的爷爷是一名地主；父亲马孝骏为音乐教育学博士，同时也是一个作曲家兼指挥家，曾任南京中央大学教授；而母亲卢雅文则是国立中央大学艺术系毕业的声乐女歌手。

在马友友 14 岁中学毕业时，以独奏者的身分，与哈佛雷蒂克里夫乐团共同演奏了柴可夫斯基的《洛可可变奏曲》。这之后马友友进入茱莉亚音乐学院，在大提琴家雷奥纳多·罗斯跟前学习，但他却在尚未毕业之前便退学，并前往哈佛大学就读。他在这个时候开始逐渐成名，并与许多重要的交响乐团一起演奏。这段期间马友友录制了巴哈的《大提琴组曲》，而且也经常与他在音乐学院时期所结交的好友钢琴家伊曼纽尔·艾克斯合作，并且演出一些室内乐。

1976 年马友友毕业于美国哈佛大学，并取得人类学学士学位。1991 年，哈佛大学授予马友友荣誉博士学位。

第二课　决不能食言

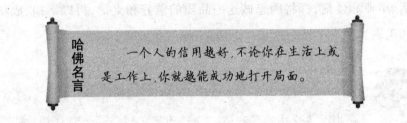

哈佛名言

一个人的信用越好,不论你在生活上或是工作上,你就越能成功地打开局面。

　　一诺千金,诚信无价。这是百年哈佛人生哲学中最为看重的一个核心理念。

　　承诺便应守诺。你无论对任何一件事许诺的时候,都必须慎重地掂量,它价值千金!无论对大人对小孩,对恋人对仆人,对妻子对父母,对同事对朋友,对上司对下属,对名人对凡人,对老师对同学,对什么人都是这样。也无论大的许诺小的许诺,眼前的许诺将来的许诺,任何许诺都是这样,在何时,许诺也都是这样。你的许诺价值千金。

　　做出许诺之前,你首先得掂量它对人有无意义,价值几何。凡对人没有意义和价值的许诺,你决不可做出。其次,你得掂量你有无时间、精力和才能实现你的许诺,如果没有足够把握时你决不可做出。你还得多方估计,实现你的许诺是否还需要其他条件的辅助,你具备那些条件吗?凡没有把握实现时,你最好不要做出许诺。

　　当然,如果你嫌这样太瞻前顾后、太谨小慎微,有时你也不妨做出一些大胆的许诺。只是你在做出许诺的同时，必须告诉对方可能出现的各种麻烦和不能实现的可能性，亦即不要把话说得太绝对，以让人家事先有思想准备，一旦未能实现，不至于过分地对你失去信任。

【哈佛人告诉你】
　　不管你在何种情况下做什么事情，你总要对自己所说的话负责。

你在许诺时如果未留任何余地，那就想方设法地实现它，以后也不要寻找任何不能兑现的理由。说到未能做到，许诺未能兑现，即使你把理由说得头头是道、极为充分，人们也不会十分相信的。人们也许口头上暂时理解你、宽恕你，可是内心深处无疑添进了一丝不信任你的念头。若第二次、第三次仍然如此，人们再也不会谅解你、相信你了，你便失去了信誉。

生活中，信守诺言和约定，看起来似乎很简单，做起来却相当困难，你只要稍有疏忽，就可能无法赴约。有时候你认为别人可能不需要你的服务，如果这种自我安慰的想法让别人知道了，就会让别人觉得你是个懒人。

而且你可能也有侥幸心理，以为别人能原谅自己，你这种怠惰的心理让人一看便明白了。

所以，你在对待别人时，千万别轻易许诺；许了诺，便一定遵守。别人会为你的态度所打动。他们认为你是一个守信者，从而会信赖、依靠你，你在生活中便会战无不胜、攻无不克。

所以，你必须重视自己所说的每一句话。生活总是照顾那些说话算数的人，食言则是最不好的习惯。人生要成功，就必须改变自己这一项致命的缺点。

你用自己的行动说服别人的异议，让他们亲眼看到你所做的都是为了他们的利益。为了遵守诺言，你可以放弃其他的，给人一个可信的面孔。

如果你以前没有运用这个秘诀，那么，你现在便开始吧！

一个人功成名就,外界客观因素只是起一个辅助作用,最主要的是靠自己的奋斗与努力。信誉也只能由自己去博取,决不能依靠别人的施舍。

获得众人的信任,铸就自己的信誉,不论你采取何种方法,但笃诚、守信及勤劳是根本的要诀。

实现对自己许下的诺言,是负责任的表现。

承诺的力量是强大的。遵守并实现你的承诺会使你在困难的时候得到真正的帮助,会使你在孤独的时候得到友情的温暖,因为你信守诺言,你的诚实可靠的形象推销了你自己,你便会在生意上、婚姻上、家庭上获得成功。

这并不是空话,有许多事实可以证明这一点,那些受人尊敬的人无不是守信用的楷模。

相反,有些人随随便便地向别人开"空头支票",临到头来又不兑现,相信他们无论在哪一方面都不会成功的。

这里,百年哈佛教给你一些信守诺言的人生智慧:

首先,你在许诺的时候是否想过"我真的能履行诺言吗"这句话。如果你有自知之明的话,如果你对自己的能力有正确的估价的话,你就很容易回答这个问题了。

当感到自己做不到时,你最好不要轻率地向别人许诺,这样会有许多好处:别人只能表示遗憾,并不会认为你说话不算数,因而不会产生对你的不信任感;在很多情况下,事情和形势已经变化了,你做不到但并没有许诺,事后你也不会发窘。

【哈佛教授这样说】

你要让你的信用代表你,让你的名字走进每一个与你打过交道的人的心中;你要使他们信赖你,觉得你是一个可靠的人。

其次,在你已经许诺了以后,你就应该认真地对待,努力地去实现它。即使是一个小小的承诺,比如"明天把书还给你",在你完全可以做到的情况下也不要掉以轻心,如果第二天只是由于马虎而忘记了，会给你的人格评价带来负面的影响。虽然这是一件小事，但它足以让你诚实的形象大打折扣。

最后，如果你做不到你曾许诺过的事，就应该及时地通知对方，表示你的充足的理由和真诚的歉意，这样会使别人原谅你的，同时也可避免不必要的误解和名誉上的损失。

哈佛小百科

竺可桢是我国卓越的科学家和教育家，当代著名的地理学家和气象学家，中国近代地理学的奠基人。竺可桢先后创建了中国大学中的第一个地学系和中央研究院气象研究所，并且担任浙江大学校长13年，被尊为中国高校四大校长之一。

竺可桢是毕生为国"求是"的气象事业和物候学的先驱。他1890年3月7日出生于浙江上虞，幼时聪明好学，从2岁就开始认字，他从小就在私塾里读书，学习十分勤苦。中学阶段在上海澄衷学堂和复旦公学，后到唐山路矿学堂(今西南交通大学前身)读书。

因为他学习努力，成绩卓著，5次考试都名列全班第一。1910年他以优异的成绩考取了公费留学生，并且赴美国伊利诺斯大学学习农学，后又转入哈佛大学地学系专攻气象。哈佛大学那种求实崇新、自由探讨的学风，给他深刻影响。1918年他以台风研究的优秀论文获得了哈佛大学博士学位，时年28岁。

第三课 有了目标你就跑

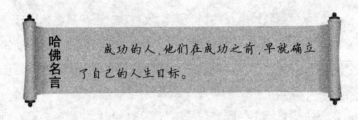

哈佛名言

成功的人,他们在成功之前,早就确立了自己的人生目标。

哈佛人认为,在生活中,大多数人没有获得他们渴望的成功,因为他们不是参赛选手,只是看客。他们没有目标,不知道哪儿才是自己的赛场,也不知道应该将智谋体力投放在什么地方。没有人在乎他们的"比赛成绩",也没有人给他们发"奖牌"。他们只能落寞地看着别人接受鲜花和掌声,在日复一日的平淡生活中藏起自己的希望。

【哈佛教授这样说】

学点经济学,知道经济规律,把握自己的人生。学点统计学,统计是现实中最经常用到的技能。学点金融学,要有人生风险的概念。

在一个炎热的夏天,一群铁路工人在路基上工作。这时,一列列车缓缓向他们的方向开过来。火车的到来打断了他们的工作。一会儿工夫,火车停了下来。最后一节特制车厢的窗户被人打开了,一个低沉的、友好的声音响了起来:"约翰,是你吗?"

约翰·安德森——这群人的负责人

与真理交朋友

154

回答说："是我,本恩,见到你真高兴!最近工作忙吗?身体还好吧?"

于是,约翰·安德森和本恩·墨菲——铁路的总裁进行了愉快的交谈。在长达一个多小时的愉快交谈之后,两人亲切地握手告别。

本恩离开后,约翰·安德森的下属立刻包围了他,他们对于他是铁路总裁墨菲的朋友感到十分惊讶。约翰解释说,20多年以前他和本恩·墨菲是同一天进入公司,开始为这条铁路工作的。

听完约翰的话,其中一个人开玩笑的地问:"约翰,既然是同一天到来,为什么你现在仍在烈日下辛苦地工作,而本恩·墨菲却成了总裁?"约翰苦闷地说:"20多年前,我是为了每天15美元的薪水而工作,而本恩·墨菲却是为这条铁路而工作,那时他的目标就是当铁路公司的总裁。"

事实告诉我们,如果你为赚钱而努力,那么你可能会赚很多钱。但是,如果你想干一番事业,那么你就必须在你成功之前,为自己设立一个明确的目标,然后你才能直奔目标前进。

生活中注定会有很多次意外。你必须要有崇高的目标,然后为这些目标付诸行动,才能获得你想要的成功。

值得注意的是,无论你的目标多么明确和崇高,它都不会自动走到你的面前。如果你只是看着它,却不设法向它靠近,它对你的意义也许只是象征性的,表明你并不是一个心无大志的人。除此之外,没有任何实际意义。只有通过积极的行动,你的目标才会在你的人生中大放异彩。

目标并不是越大越好。哈佛教授告诉我们,

【哈佛教授这样说】

目标应该有助于我们每天都达到最好的状态,同时让我们为明天准备得更好。

太难和太容易的事,都不容易激发人的热情和斗志。"志当存高远",但立志并非越高远越好。目标不是幻想,也不是空想,强调实行与实现。好高骛远,想入非非,沉溺于幻想,却无法为这些美妙的想法采取实质性的行动,更无法实现它们,这样的目标没有任何价值。

目标要具体,时间期限要明确,可操作性要强。只有具体、明确并有时限的目标,才具有行动指导和激励的价值。当你决心在特定的时限内完成特定的任务,你就会集中精力,开动脑筋,调动自己和他人的潜力。如果目标只是空洞的口号,没有可操作性,便会丧失目标的约束性,形同虚设。

人一定要有崇高的目标,并为实现目标谨慎计划,尽力执行,采取行动。行动过程中你会非常努力,也许会有

许多波折与困难,但你依然执着,依然那么努力;虽然天下事不如意者十居八九,但持之以恒者总是收获更多。你理所当然应该感到满意,因为你或许在太阳下山时已经"抱得美人归",或许在两年后已步入中产阶级的行业,或许在白发之际已是一位受人尊敬的大师,这些都叫成功。

一位大师曾这样讲:成功就是你通过自己的努力实现了预定的目标。

哈佛小百科

李济(1896-1979),人类学家、中国现代考古学家、中国考古学之父。字受之,后改济之。湖北钟祥郢中人。1911年考入留美预科学校清华学堂,1918年官费留美,入麻州克拉克大学攻读心理学,并于次年改读人口学专业。1920年获得社会学硕士学位后,转入美国哈佛大学,读人类学专业,成为当时哈佛大学人类学研究院的第一位外国留学生,获哲学博士学位。1922年,李济哈佛大学毕业,返回祖国,受聘于南开大学,任人类学和社会学教授。

第四课　巧将信息变成机会

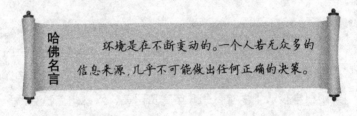

哈佛名言　　环境是在不断变动的。一个人若无众多的信息来源,几乎不可能做出任何正确的决策。

如何获得重要的信息呢?哈佛人认为,仅有一颗聪明的头脑是不够的,你需要处处留心,为萌发灵感准备素材。

有一年,加拿大发生猪瘟,一位美国商人马上意识到,美国肯定会限制从加拿大的猪肉进口。于是,他立即调集资金,抢先购进猪肉。几天后,美国果然限制从加拿大进口猪肉。这位美国商人因为有效利用了这个信息,大获其利。

处处留心,是杰出人士收集信息的一种普遍习惯。比如著名的希腊船王奥纳西斯就是一个处处留心的人。少年时,他的父亲曾教给他一条重要经验:"不要忘记总带着一支铅笔。无论什么事,特别是人,都得记下一笔。"奥纳西斯记住了父亲的告诫,他对任何人和事都比别人多留了一份心。

年轻时,他在一家英国人的电话公司打工。最初他是一位电工,但他认为,当总机接线员也许能听到更多有益的信息,对将来的前途更有利。因此,他主动向上司要求换工作,并愿意为做好接线员付出更多的时间学习。为了提高能力,他自学了西班牙语,还养成了读报的习惯。他对报纸上的政治形势报道和金融信息、行业信息非常关注,总是要一字不漏地读完,并把有关重要内容记录下来。

在工作中,奥纳西斯还特别留意那些商人们在电话中交谈的有关汇率、股票及期货信息,他把这些信息详细地记录下来,然后跟从报上看到的信息进行对照。渐渐地,他摸索出了一些炒股的诀窍。他对自己选股的眼光非常自信。于是,他将有限的存款全部投入股市,第一次就赚了3000美元。此后,他在股市上屡屡得手,这为他日后事业的发展壮大积累了雄厚的资本。

生意眼光主要来自对市场的贴切感受,而不是知识和智商。所以,商人一定不能关在房里闭门造车想赚钱的招数,也不能指望从书本上获得灵感。一定要走到市场中去,走近最直接的消费者,获得信息,寻找感觉。这是培养生意眼光的主要途径。

在收集信息方面,日本商人是最强的,他们依靠的也是处处留心。

美国国际商业情报公司的托马斯说:"日本人在收集情报信息方面像梭子鱼一样极其厉害,他们什么都不放过,甚至把饭店的菜单也复印出来。他们的工作哲理是:'谁知道日后什么是重要的?谁知道哪块云彩会下雨?'"

日本三菱公司特别重视日常信息的收集工作,比如,它要求其北京分公司的员工每周写一篇关于中国汽车工业情况报告,包括汽车的生产状况、市场情况、购车动向以及中国人如何提出购车申请等。

日本松下电器公司的一个代表团,在同我方的一次留易谈判时,竟然能准确地指出我国北京、上海、天津、广州等100多个

【哈佛教授告诉你】
目光敏锐的决策者能够在别人尚未注意时便发现迹象,并能抓住随之而来的信息。这些信息使他们能较早地发现下一步该做什么。

【哈佛教授告诉你】

我们想超越竞争者，一个要点是处处留心，获取有用信息；另一个要点是，用智慧审视眼前的信息。你能抓住有用信息抢先出手，胜利就属于你了。

城市的电费价格，以此证明松下电器在中国的适销性。

当然，在这个信息爆炸的时代，获得信息并不难，如何处理信息、从中发现机会，才是真功夫。正如赫伯特·西蒙所说："今天的稀有资源不是信息，而是信息处理能力。"因为好多时候，不是缺乏信息，而是缺乏敏锐的判断力以找出有价值的东西。这需要判断力，找出信息之间的逻辑联系，更需要灵感和想象力，能够透过事物的表面做文章。

美国杰出的企业家阿曼德·哈默，在世界上享有"万能博士"的美誉。1921年，他勇敢地踏入"险地"苏联。在那片土地上，由于哈默的经营思想灵活，善于捕捉有用信息，他在苏联——这个美国人的眼中钉，大发其财。

有一次，哈默上街想买铅笔，发现德国进口铅笔比美国的价格贵

哈佛大学
HA FO DA XUE

近10倍。他说服苏联有关领导人办起铅笔厂，并从德国的铅笔厂聘来了高级技术师，从荷兰引进先进设备，仅半年时间，就投入生产，产量达1亿多支，出口10多个国家和地区。

美国曾在1920年颁布禁酒令，导致一大批酒厂倒闭，贮酒的白橡木桶基本上绝迹。罗斯福在竞选总统时，提出了解决美国经济危机的"新政"。哈默根据竞选动态，预计罗斯福将获得胜利。一旦罗斯福当选，就可能实施"新政"，极有可能废除禁酒令，大批酒厂将重新开业，那么，贮酒的白橡木桶必然成为紧俏商品。

哈默马上从苏联购进大批廉价橡木，着手生产橡木桶。

不久后，罗斯福果然当选为总统并废除禁酒令。一时间，各地的酒厂像雨后春笋般冒出来，市场对白橡木桶的需求量剧增。哈默由于先走一步，大获其利。

每个人都具有逻辑分析能力，能够从罗斯福当选推测出废除禁酒令的商人一定不少，但哈默不去造酒却生产贮酒的木桶，这就是灵感了。

哈佛小百科

林语堂（1895—1976），1895年出生于福建一个基督教家庭，父亲为教会牧师。1912年入上海圣约翰大学，毕业后在清华大学任教。1934年创办《人间世》，出版《大荒集》。1935年创办《宇宙风》，提倡"以自我为中心，以闲适为格调"的小品文，成为论语派主要人物。1935年后，在美国用英文写《吾国与吾民》《风声鹤唳》《孔子的智慧》《生活的艺术》，在法国写《京华烟云》等文化著作和长篇小说。积极地将孔孟老庄哲学和陶渊明、李白、苏东坡、曹雪芹等人的文学作品英译推介海外。林语堂是第一位以英文书写扬名海外的中国作家，也是集语言学家、哲学家、文学家于一身的著名学者。

第五课　实力决定一切

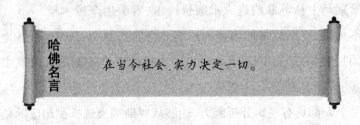

哈佛名言

在当今社会,实力决定一切。

有一句话说得好:实力是最棒的台词!

一个人有实力,他就能领导其他人;一个国家有实力,它就能干预和决定世界大事。

我们都知道,哈佛大学的毕业生走出校门后,他们一个个都成了甚为"吃香"的"抢手货"。他们根本无须担心没有高薪待遇,更不必担心找不到工作。为什么呢?因为他们一个个实力不凡。

为什么哈佛的毕业生一个个实力不凡呢?这是哈佛大学刻意打造实力的结果。它只聘请最优秀的教授,只招收最优秀的学生。这是提升学校整体实力和学生个体实力的保障。

哈佛对"最优秀的学生"是如何定义的呢?从总体上来说,哈佛喜欢全面发展的学生甚于喜欢具有某方面天才

【哈佛人告诉你】

哈佛在招收学生的时候,有一句格言:只看你有多优秀,不看是否交得起学费。只要愿意录取你,缺多少钱就提供多少奖学金。

的学生。

当然,学科不同,对"最优秀的学生"的要求也有所差别。以哈佛商学院为例,它的目标非常明确,就是要培养立志为社会做贡献的杰出的工商企业领导人。哈佛商学院要求它的MBA毕业生具有下列品质和能力:

第一,在价值观和思想品质方面要做到:有职业道德、不断完善自我、自尊、注重实际。

第二,在能力方面要具有:创造性解决问题的能力、严密分析推理的能力、解决问题的能力、对问题的综合能力、交际和谈判能力、团结和合作的能力、企业家的能力、领导能力。

第三,在知识方面要具有:全面的管理知识、实际业务工作的专门知识、世界知识、技术知识。

由于哈佛学生在先天潜质和后天学习两方面都达到了"最优秀"的标准,所以,哈佛培养的学生一个个实力不凡。他们日后取得与众不同的成就也就不足为奇了。

对我们许许多多没有机会到哈佛大学接受教育的人来说,如何提升实力和成为"最优秀"的人呢?只能依赖超乎寻常的努力。从先天潜质来说,每个人都有成为"最优秀"的希望;从后天学习来说,只要付出超乎寻常的努力,就一定能获得与众不同的实力,并取得令人瞩目的成就。

布卡·华盛顿说:"成功的大小不是由这个人的人生高度来衡量的,而是由他在成功路上克服障碍的数目来衡量的。"麦西的经历正好证明了这一点,他克服了无数个障碍,他的人生也因此提升到一个常人难以企及的高度。

【哈佛教授对你说】

对一个有志于成就杰出的人来说,并不依赖别人给他提供的学习环境。生活的每一个角落都是他的课堂,生活中的每一个人都是他的老师,生活中的每一件事都是他的学习工具。在学习的过程中,他的实力和别人对他的信赖与日俱增,他的事业也因此蒸蒸日上。

对我们每一个青少年来说，观念未臻成熟，能力未经锻炼，经验未经磨砺，品格未经考验，总之，在各方面都有一定缺陷。我们自己并不能意识到这是缺陷，可能还想当然地把自己的不足当成优点，把别人的长处视为不足。带着这种偏见步入社会，一开始肯定事事不顺。

但是，如果我们不怕输，又有不达目的誓不罢休的决心，继续闯荡，在挫折中发现并修正自己的缺陷，那么，我们终将获得成大事的能力，并干出一番不平常的事业。

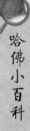

哈佛小百科

哈佛大学毕业的罗伯特·奥本海默，作为一位优秀的物理学家，他在运用量子力学成果，以及在分子理论、天体物理和粒子物理等方面都做出不少开拓性的、第一流的工作。同时，奥本海默也是位杰出的教师。他以其独特的启发式和讨论式方法进行教学和指导研究生，并因此培养出一大批才华横溢的年轻物理学家，形成了对美国的理论物理学发展起着非常重要作用的著名的理论物理学派。而奥本海默更被人们所关注的，是他作为美国"原子弹之父"所取得的业绩以及他的悲剧性人生。

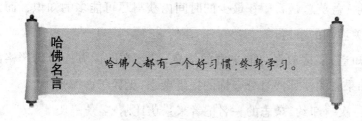

第六课　养成终身学习的好习惯

哈佛名言

哈佛人都有一个好习惯:终身学习。

所谓"书到用时方恨少",哈佛的学者、教授更是无一不深明此理,因此,在哈佛,学生是绝对不允许混日子的。

哈佛大学的本科生入学之前不选择专业,上完一年课程以后才决定自己的主攻方向。这样做是为了让学生有更多的时间扩展自己的知识面,也有更多的机会发现自己真正的兴趣所在。因此,几年的大学生活,不但使学生明白了自己的兴趣所在,同时使他们养成了良好的阅读习惯。因为这是获取新知识的最好的方法之一。

大家都知道,比尔·盖茨未等到从哈佛大学毕业就退学了。但这并不能说明他讨厌学习。从少年时代起,他就博览群书。后来,为了经营自己的公司,他跟哈佛说"拜拜",但并没有跟知识说"拜拜"。他总是利用一切时间进行学习。他家里拥有庞大的私人藏书室。他的

【哈佛人告诉你】

　　知识有如人体血液一样宝贵。人缺了血液,身体就会衰弱;人缺少知识,头脑就要枯竭。

大多数业余时间都是在自己的藏书室度过的。

当然,他从不把阅读作为消遣,他对于重要著作有一种发自内心的尊崇与渴求。某些时候,他在吃一顿简单午餐时间里,就可以一口气读完4本杂志,其中包括著名的《美国社会科学》和《经济学家》。这两份杂志都是社会科学界的权威刊物,是许多著名专家学者发表言论的重要讲坛。

比尔·盖茨对这些高水准的杂志有着非同寻常的喜好,这同在他哈佛大学的学习经历是息息相关的。

比尔·盖茨总是希望在最少的时间内获得尽可能多的知识,而没时间去关注别的事情。

他知道,要攫取尽可能丰富的信息,必须在阅读方面做出严格的选择,如果去关注那些过分夸饰的报纸杂志,无异于虚掷光阴。

有一次,《纽约》杂志的一名记者来采访比尔·盖茨。

记者问他:"您知道《纽约》吗?"

他怔一下,反问:"《纽约》是什么东西?"他不是开玩笑,只因他确

实未浏览过甚至根本不知道这份杂志。

他最感兴趣的仍然是名人传记，新出版的大科学家、大企业家、大政治家的传记，他从不放过。

他说他对别的公司成功的经验特别重视，有一本叫作《我在通用汽车公司的岁月》的书尤其吸引他。因为这本书告诉人们，通用汽车公司是如何彻底改变汽车世界格局的。

比尔·盖茨的知识是如此广博，在跟同事们探讨工作时，他旁征博引，论据充分，常常折服一屋子人。他总是能在激烈的市场竞争中、在混乱局面中做出聪明的决策，这跟他拥有丰富的经营管理知识是分不开的。所以说，他的成功绝非侥幸。

学习知识不是一件轻松的事，我们都尝过学习的艰辛。所以，很多人将学习视为一种负担、一件避之唯恐不及的烦心事。

在波斯的一所学校里，老师在教一位孩子时遇到了不少麻烦。"念A。"老师教道。但那孩子抬起头来摇了摇，咬紧嘴唇不出声。

老师耐着性子和气地说："好孩子，请跟我念A，听话的孩子才是好孩子。"

可那孩子仍然不开口，只用他大大的眼睛望着老师。老师失去耐心，大喊："A！"

可那孩子嘴里只是发出"嗯嗯"的声音。老师没办法了，只好找来这孩子的父亲，二人一起命令这孩子念A。最后孩子屈服了，从他嘴里发出一个清清楚楚的A字。老师被成功所鼓舞，说："太好子，现在念B。"

可那孩子却火了，用他的小拳头敲着课桌喊道："够了！我就知道念了A会有什么事。我念了A你就会让我念B，然后我就得背整个字母表，还得学读和写，后面还有算术题要做！这就是为什么我不愿意念A！"

> **【哈佛教授这样说】**
> 在这个知识充分被利用的时代，我们想超越他人，取得杰出成就，必须不断地汲取知识，弥补自己在某些方面的不足。

　　在某种程度上，我们不得不佩服这个小孩是个天才的预见家，因为他的思维与远见已经超出了大人们想象的空间。但我几乎可以肯定，如果他不尽快转变他对学习的观念，他这一生都将失去成功的机会。因为他拒绝了成功最有利的工具——知识。

　　有些人天真地幻想自己是一个天才，无须学习就能拥有很高的才能。但是，我们应当知道，天才只不过是人们头顶上的一个光环、一顶帽子，如果它的底下没有一个装满智慧与知识的头脑，"天才"也将一文不值。天下的事情没有轻轻松松、舒舒服服让你获得的。凡事一定要经过苦心的追求，才能真正了解其中的奥秘而有所收获。

　　有个年轻人想向苏格拉底学知识。苏格拉底就把他带到一条小河边，年轻人觉得很奇怪，但更奇怪的事情还在后头，只见苏格拉底"扑通"一声跳进河里去了。这个年轻人不解：难道大师要教我游泳？这时，苏格拉底向年轻人招了招手，示意他下来。年轻人也糊里糊涂地跳下了水。

　　刚一下水，苏格拉底就把他的头摁到了水里，年轻人本能地挣扎出水面，苏格拉底又一次把他的头摁到了水里，这次用的力气更大，年轻人拼命挣扎，刚一露出水面，又被苏格拉底第三次死死地摁到了水里。这一次，年轻人可顾不了那么多了，拼命挣扎，到了水面后就没命地往岸上跑。跑上岸后，他打着哆嗦说："大、大、大师，你要干什么？"

　　苏格拉底理也不理这位年轻人就上了岸。当他转身远去的时候，年轻人感觉好像有些事情还没有明白，于是,他就追上去对苏格拉底说:"大师,恕我愚昧,刚才您的做法我还是没有悟过来,能告诉我吗?"

苏格拉底说:"年轻人,如果你真的想跟我学知识,你必须有强烈的求知欲望,就像你有强烈的求生欲望一样。"

学一门知识或做一件事情,只满足于我想学好做好,是学不好也做不好的,要有溺水者求生一样的强烈欲望,你才能把自身潜力发挥到极致。

因此说,要想成功,一定要努力地汲取知识!因为早在百年以前,伟大导师培根就告诉过我们:知识就是力量!

哈佛小百科

　　查尔斯·布伦顿·金斯于 1901 年 9 月 22 日生于加拿大新斯科舍省哈利法克斯市。1920 年,他从位于新斯科舍省沃尔夫维尔的阿卡迪亚大学获得学士学位,并于 1924 年获得了哈佛大学的硕士和医学学位。是他第一个打破了医学界的肿瘤不可治的禁区,从而给无数的癌症病患者带来福音。

第七课 按游戏规则做人做事

哈佛名言

在哈佛人眼里,规则就是规则,没有任何人在任何情况下可以破坏它。

有这样一则寓言:河水认为河岸限制了它的自由,一气之下冲出了河岸,涌上原野,吞没了房舍与庄稼,给人们带来了无穷无尽的灾难。河水认为自己得到了梦寐以求的自由,整日整夜地东游西逛,高声歌唱。然而好景不长,它发现自己的流量越来越少,终于有一天,由于太阳的蒸发和大地的吸收,河水干涸了。

河水在河里能掀起巨浪、推动巨轮,而当它冲出河岸以后,就只会造成灾害——危害他人又毁灭了自己。

人们常说:没有规矩,不成方圆。确实,一个国家、一个单位乃至一个家庭没有一定的规矩是治理不好的。不依规矩,不成方圆。发明了规,便有了圆;发明了矩,也就有了方。于是这世界便多了许多美好的东西。闻名于世的哈佛更是把规矩当成铁一样的定律来执行的。

1764年的一天深夜,一场大火烧毁了哈佛楼,楼里的藏品也随着这场大火付之一炬。被哈佛人奉为珍宝的、由哈佛创始人约翰·哈佛捐赠的250本书，也随着这场突如其来的大火灰飞烟灭了。这批书一直被珍藏在哈佛楼里的一个图书馆内，并规定学生只能在馆内阅读，不能携带出馆外。

【哈佛人告诉你】
　　哈佛的理念是：让校规看守哈佛的一切比让道德看守哈佛更安全有效。这便是他们的行事态度：法理第一。

然而，在大火发生前，一名学生碰巧把一册名为《基督教针对魔鬼、世俗与肉欲的战争》的书带出了馆外，打算在宿舍里阅读。第二天他得知大火的消息，意识到自己从图书馆携出的那本书，已是哈佛捐赠的250本书唯一存世的一本了。

经过一番激烈的思想斗争，他找到当时的校长霍里厄克，把书还给了学校。霍里厄克校长收下了学生归还的绝无仅有的这本书，感激涕零，对他是谢了又谢。然后他下令把这名学生开除，理由是：这名学生违反了校规。

或许有人要问，不开除这名学生行吗？也可以，不管怎么说，毕竟是他使哈佛牧师的书总算留下了一本。

校长感谢那位同学，是因为那位同学诚实，把违反校规带出馆外的书又送了回来。开除他，是因为有校规。

也许很多人会认为霍里厄克校长的做法没有人情味。但是换个角度想一下，如果这名校长因此对这个违反校规的学生"法外施恩"，坏了规矩，那又如何去靠规矩制约、管理其他的学生呢？那哈佛大学又何以能成为哈佛呢？

洛克曾说："法律的目的不是废除或限制自由，而是保护和扩大自由。这是因为在一切能接受法律支配的人类状态中，哪里没有法律，哪里就没有自由。这是因为自由意味着不受他人束缚和强暴，而哪里有法律，哪里就不能有这种自由。"

如果我们每个人都能自律，自发地去遵纪守法，按规矩办事，那么很多事情就会相对变得简单得多。曾听过这样一个故事，让人深思不

已,感慨良多。

深夜,一个外国人走进德国某小镇的车站理发室。理发师热情地接待了他,却不愿意为他理发。理由是,这个理发师只能为手里有车票的旅客理发,这是规定。外国人说,反正现在店里也没有其他顾客,是不是可以来个例外?理发师说虽然是夜里也没有别的人,可是我们也得遵守规则呀!无奈之中,外国人买了一张离这儿最近的那一站的车票。当他拿着车票第二次走进理发室时,理发师很遗憾地对他说,如果您只是为了理发才买这张车票的话,真的很抱歉,我还是不能为您服务。

当那个人把这件事情告诉一群在德国留学的本国学生时,不少人感慨说:"德国人太认真了!"这样一个时时处处讲规则、讲秩序的民族,永远都会是一个强大的民族。但有的人就不以为然,说偶然的一件小事,一个小镇的车站,如何能说明一个民族的性格呢?相持不下之际,就有人提出通过实践来检验谁对谁错、孰是孰非。于是,聪明的留学生们共同设计了一项试验。

他们趁着夜色,来到闹市街头的一个公用电话亭,在一左一右两部电话亭的旁边,分别贴上了"男士"、"女士"的标记,然后迅速离开。第二天上午,他们又相约来到那个公用电话亭。令他们惊奇和感叹的

一幕出现了:标以"男士"的那一部电话前排起了长队,而标以"女士"的那一部公用电话亭前却空无一人。留学生们就走过去问那些平静等待的先生们:既然那一部电话前没有人,为什么不到那边去打,何必等这么久呢?被问的先生们,无一不以

坦然的口吻说：那边是专为女士准备的。我们只能在这边打。这是秩序啊！

所有的留学生无不被德国人的自律所震撼，其中有一个留学生甚至说，这是他留学以来所上的最生动、印象最深的一课。

【哈佛教授这样说】
无"矩"，"方"岂能正！无"规"，又怎能使"圆"圆？

哈佛人、德国人这些"死板"的做法，也许难以为我们中国人理解。因为中国人比较喜欢讲变通，所以红灯路口才有那么多违反规则的人。我们应该想到，全球化已经是一种必然的趋势，随着对外经济交流越来越频繁，不讲规则的习惯可能使我们深受其害。有一位留学欧洲的学生，毕业后找不到工作，即使那些小公司也拒绝接收他，因为他有3次坐公交车逃票的记录。无奈，他只好回国。还有一位留学新加坡的学生，因为有考试作弊的记录到处找不到工作。所以说，在一个越来越重视游戏规则的时代，想靠不讲规矩捞取好处，后果将有可能很严重呢！

让我们每个人都"循规蹈矩"吧。为了遵守我们的规矩做出自己应有的行动来。

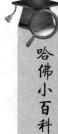

哈佛小百科

卡罗·鲁比亚是一位意大利物理学家，出生于意大利的戈里齐亚。曾经在意大利的比萨大学学习，并获博士学位。现任美国哈佛大学教授。因为他与荷兰物理学家范德梅尔共同发现了弱相互作用的传递场粒子W和I，正是由于这一重大贡献，二人于1984年共获诺贝尔物理学奖。

第八课　哈佛校长讲的故事

哈佛名言

　　只是感到有一定压力，并不等于竭尽全力。"做出苦味来"，才说明你已努力到十分。

　　在哈佛开学典礼上，衣冠楚楚的校长给初进哈佛的众学子讲了这样一则意味深长的故事：

　　一位猎人带着他的猎狗外出打猎。猎人开了一枪，打中了一只野兔的腿。猎人命令狗去追。过了很长时间，狗空着嘴回来了。猎人问："兔子呢？"狗"汪汪汪"地叫了几声。主人听懂了，意思是"我已经尽心尽力了，可还是让狡猾的兔子逃脱了"。

　　那只野兔回到洞穴，家人问它："你伤了一条腿，那条狗又尽心尽力地追，你是怎么摆脱猎狗，跑回家里来的？"

　　野兔说："狗是尽心尽力，而我是竭尽全力！"

　　"尽心尽力"和"竭尽全力"，其区别在于，让自己发挥能力和让自己的潜能充分燃烧，它们所散发出来的能量是大不一样的。我们做任何事情，只是尽心尽力还远远不够，这样你最多比别人干得好一点，却无法从平庸的层次跳出来。只有竭尽全力，发挥出别人双倍的能量，你才会有优秀的表现。

听了这段话,让初进哈佛的学生感叹不已。校长接着说:"这则故事告诉我们,无论我们做什么,还是学什么,只要我们让自己燃烧起来,疯狂地去做、去学,这个世界上没有什么是你学不会、做不成的。"

俗话说得好:天不负人。你付出多少,便会得到多少回报。因此,不要埋怨生活,不要哀叹命运,你尽了最大的努力,生活就会给你最丰厚的回报!

在生活中,我们经常听到这样的话:"我觉得自己已经尽了最大的努力,可惜结果却很令人失望。"说这话的人,是否真的尽了最大的努力呢?未必!他们把做得有点累视为尽了全力,其实还远远未能充分发挥潜力;或者一暴十寒,并未时时努力。

正如台湾大企业家王永庆所说:"天下的事情没有轻轻松松、舒舒服服让你获得的。凡事一定要经过苦心的追求,才能真正了解其中的奥秘而有所收获。"他又说:"有压力感,觉得还不够好,做出苦味来才会不断进步,一放松就不行了。"

请看看"世界首富"比尔·盖茨是如何"做出苦味来"的:

从学生时代起,比尔·盖茨就是一个时间概念不太强的人。当他在哈佛大学读书时,他常经常在学校的电脑上设计程序,一编就是一整天,有时甚至连续干上36小时或48小时。当体力不支的时候,就躺在工作台后打个盹。一醒过来,又接着干。

创办微软公司后,盖茨将这种习惯带到了

工作中。他绝对算得上一个"劳动模范"。在公司初创的头几年,他每天工作16小时以上,累了就往地板上一躺,呼呼大睡,醒了又爬起来接着干。由于在地板上睡惯了,躺在床上反而睡不好。

有时,盖茨需要去外地谈生意。每次出差,他总是在飞机起飞前20来分钟才赶往机场,有时离飞机起飞的时间只有15分钟。他经常在乘务员快要关闭机舱门时才登上飞机。这是盖茨至今还在玩的一种游戏。他喜欢"赶时间"而不是"等时间"。他这种同时间赛跑的工作方式为他赢得了大量时间。尽管他的智商极高,但他从不将事业成败寄托在智商上,而宁愿寄托在勤奋的工作上。

比尔·盖茨雇的人都和他一样,年轻,聪明能干,永远精力充沛,而且直率。想为比尔·盖茨工作至少需要两个基本条件:一是精通业务;二是愿意昼夜不停地工作,不把工作看作是谋生手段,而是看作一种乐趣。

这种用人标准形成了微软公司独特的风气:第一是工作,第二是工作,第三还是工作。微软公司的生活是一个简单的循环:工作,吃饭,睡觉,工作……

在微软这样的环境中,没有人习惯于游手好闲,人们对工作几乎迷恋到走火入魔的地步。微软公司编程员伍德说:"很多次,当我回家睡觉时,我妻子马拉正好起床。为了一笔OEM生意或是完成一件新产品,我们经常一天工作24小时。我知道工作时间太长,但并不感到累,反而觉得很愉快。没有人站在我们的头顶,挥舞着皮鞭对我们说'你们这些家伙必须这么干',而是因为我们确实有事情要干,并且一定要干完。"

后来,微软成了世界上最富有的公司,每一位编程员都成了百万富翁、千

【哈佛教授告诉你】

在这个世界上,没有谁会轻易成功,在成功的背后总是隐含着许多感人的故事。每一个故事都是以汗水乃至鲜血为基本色调。你必须逼出自己的全部能量,然后才能心想事成。

万富翁乃至亿万富翁。但微软的工作方式仍然不变。几千名富翁像那些为了生存不得不吃苦耐劳的穷人似的埋头苦干。这是微软公司以奇迹般的速度领先于市场的主要原因之一。

现在，我们只能看见比尔·盖茨令人惊叹的财富。但是，在财富的背后，却是令人惊叹的勤奋。"一分耕耘，一分收获"，这一规律可以适用于全世界的每一个角落。

哈佛小百科

亨利·基辛格是哈佛大学的骄子。他是哈佛大学政治系的优秀学生，是世界著名的美国政治学家，美国前国务卿。他在1969年到1977年初在尼克松、福特两届政府中执掌外交大权。这位犹太出身的学者，凭着自己杰出的才华和谋略，在美国和世界外交舞台上上演了一幕又一幕令人目眩的活剧。

第九课 哈佛名人榜——世界首富比尔·盖茨

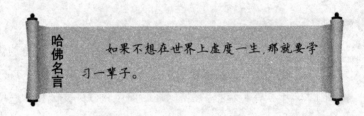

哈佛名言

如果不想在世界上虚度一生,那就要学习一辈子。

提起盖茨,没有人会否认,这是一个具有传奇色彩的名字,是一个像爱迪生对灯泡的贡献一样,集创新者、企业家、推销员和全能的天才于一身的家伙。说盖茨"富可敌国",一点也不夸张。有人算过一笔账,根据经合组织提供的权威数据,葡萄牙的国内生产总值(GDP)是840亿美元,爱尔兰是810亿美元,它们都比不上盖茨,可以说,论GDP,盖茨能够把匈牙利、冰岛和卢森堡3个国家同时一起买下来。

比尔·盖茨生于1955年10月28日,属于竞争性的天蝎座。父亲老威廉·盖茨,西雅图律师。母亲玛丽,1994年去世,生前为多个组织的董事会工作,由于其对西雅图的贡献,一条马路以她的名字命名。盖茨毕业于西雅图一所私立学校。后进入哈佛大学,但辍学经营了微软公司。1994年1月1日,在夏威夷与微软的产品经理美琳达结婚。

盖茨在六年级的时候个头很小、生性腼腆,一副十分需要保护的样子。这个倔强的、性格爱好都有点怪异的孩子,整日让父母发愁,特别让好强的母亲伤透了心。比如盖茨可以整日躲在底层他的卧室不出来。母亲拿起电话问他："你在做什么？""我要思考。"比尔在电话里大喊。"你在思考？""是的，我在思考。"比尔大声说，"你从来没有试着思考过吗？"

盖茨最初在升入湖畔中学时，与同伴保罗·艾伦一起迷上了一台笨拙的计算机终端机。八年级时，盖茨写出了他的第一个软件程序，目的只是为了玩三连棋。十年级时，他和艾伦一起建立了"湖畔编程小组"，为当地公司开发软件。这些技能为他们带来丰厚的收入，但更吸引两位少年的是：编写软件是一场公平的游戏，逻辑的清晰与思想的锋利，决定着谁是游戏的胜方。

1973年夏天，盖茨以全国资优学生的身份，进入了哈佛大学。在此之前，盖茨被公认是数学天才，他也曾一度想成为一名数学家。但到了哈佛之后，盖茨很快发现，竟有人比他还有数学天分，这曾使他甚感沮丧。后来，他一门心思钻研电脑，认定这是自己的生财之道。盖茨也许不是哈佛大学数学成绩最好的学生，但他在计算机方面的才能却无人可以匹敌。他的导师不仅为他的聪明才智感到惊奇，更为他那旺盛而充沛的精力而赞叹。他说道："有些学生在一开始时便展现出在计算机行业中的远大前程。毫无疑问，盖茨会取得成功的。"

在哈佛，盖茨仍然无法抵抗电脑的诱惑，于是就经常逃课，一连几天待在艾肯计算机中心的电脑实验室里整晚整晚地写程序、打游戏，因为那时使用计算机的人还不多。有时疲惫不堪的他会趴在电脑

上酣然入睡。盖茨的同学说,他常在清晨时发现盖茨在机房里熟睡。

1975年1月份的《大众电子学》杂志,封面上Ahair8080型计算机的图片一下子点燃了盖茨与艾伦的电脑梦。这是一种基于英特尔8008芯片的8位计算机,由于缺乏相应软件的支持,在当时并没有多大的实际用途,但它却是电脑走向个人的第一步。盖茨和艾伦敏锐地注意到了个人电脑的前途,自告奋勇地为Altair开发软件。结果他们成功地开发了用于Altair的Basic语言软件。此前从未有人为微机编写过Basic程序,盖茨和艾伦开辟了PC软件业的新路,奠定了软件标准化生产的基础。

在一般人看来,哈佛,一个多么神圣的名字,多少人梦想着有朝一日能到哈佛来。而盖茨敏感地意识到,计算机的发展太快了,等大学毕业之后,他可能就失去了一个千载难逢的好机会。他热爱的只有他的电脑,只有在电脑前,他才觉得自己是伟大的,只有在电脑前,他才感觉得到自己的价值。对于这个还有点孩子气的年轻人,电脑意味着他全部的事业。1975年6月,盖茨经过认真的考虑,说服了自己,决定放弃这所世界上最好大学的毕业证书,要求退学创业。接着,又说服了万分震惊的父母。这股毅然决然的勇气绝不是一般人所具有的。

在盖茨的心中,计算机是高于一切的,微软是高于一切的,为了计算机,为了微软,盖茨可以放弃一切。

1980年,微软公司推出MS-DOS系统,大受欢迎,微软自此一炮走红。MS-DOS系统今日已经成为几乎所有个人电脑必然内置的系统。从MS-DOS安装于IBM的PC机,1983年WORD软件及WINDOWS操作系统投放市场,一直到"WINDOWSXP"操作系统正式向全世界发行,盖茨已经几乎控制了电脑产业的霸权,并将主宰21世纪的电脑与通信以及其他许多行业。

1986年3月,在微软历史上最为隆重的一次庆祝活动中,微软公司股票上市发

【名人这样说】

世界首富比尔·盖茨曾说:"公平不是总存在的,在生活学习的各个方面总有一些不能如意的地方。但只要适应它,并贯彻始终,总能收到意想不到的成效。"

行；1年后，微软股价急剧飙升，盖茨年仅31岁便一步跨入亿万富翁的行列；8年后，39岁的比尔·盖茨成为世界上最富有的人。据有关资料报道，1994年，盖茨已拥有83亿美元资产；1995年，增长到129亿美元；1996年，他的财产已达180亿美元；1997年，他的资产翻了一番，为364亿美元；1998年，为590亿美元；1999年，他的纯资产为850亿美元；随着"视窗2000"的推出，微软公司股票价格飞涨，盖茨的个人财富也水涨船高，据说已达千亿美元。

　　盖茨已经在世界首富的宝座上坐了很长的时间。在短短几十年内，从白手起家到拥有千亿美元的个人财产，与其说这是盖茨创造的奇迹，不如说是信息技术创造的奇迹。不过，盖茨还是乐善好施的。1998年4月22日，盖茨向联合国人口基金会捐款170万美元，用于发展中国家人口项目的技术和经验交流；1998年12月2日，盖茨宣布，他和他的夫人将为发展中国家的儿童免疫项目捐款1亿美元；1999年5月4日，盖茨向一家设在纽约的非营利性民间组织"国际艾滋病疫苗倡议研究组织"捐资2500万美元用于艾滋病疫苗研究；1999年11月，比尔·

盖茨向环球基金捐款7.5亿美元，帮助给世界贫困地区的儿童注射疫苗，提高孩子的免疫力；1999年9月，比尔·盖茨宣布捐款10亿美元成立一个"盖茨美兰尼奖学金计划"，专门用于奖励来自少数民族地区的学生；2000年1月18日，盖茨的基金会将在5年内向国际疫苗研究所捐赠4000万美元，用于贫穷国家防治霍乱、痢疾和伤寒；2000年，比尔和美琳达基金会决定投入2.1亿美元资金，在英国剑桥大学设立一项以人才为基础的奖学金。该奖学金授予对象是除英国以外来自世界其他国家的在剑桥就读的研究生，该奖学金不分学科专业。盖茨本人曾经表示过，他和妻子将把大部分财产捐出去，他们的两个孩子每人只能得到1000万美元。

　　盖茨的成功源于杰出的才智、坚忍不拔的追求、顽强的竞争意识和全身心的投入。虽然比尔·盖茨是一位有创造力且意识超前的创业家，但他并未发明任何科学技术，只是注重在自身能力的基础上，采用并改进他人的发明。他很早就看出个人电脑时代即将来临，并由此推导出操作系统和应用软件的重要性绝不会亚于硬件的观点。微软称霸的部分原因在于，由于比尔·盖茨具有很高的自我完善的能力，因而能够预测出电脑科技的发展趋势，并正确地判断了市场成熟的时机。

哈佛小百科

　　哈佛大学的发展目标是多元的，在不断适应社会的同时，也保留了属于大学最原始的功能：为社会服务。伍德罗·危尔森曾说过："一所院校能在国家的历史上占一个位置，不是因为她的学识，而是因为她的服务精神。"埃利奥特也明确的提出："进入大学，在智慧中成长；离开后，服务国家和人类。"

后 记

本丛书是根据世界著名大学文化教育长期思考研究编辑而成，它代表着我的一份独立思考，更代表着我的一份紧张和不安。

我知道书是写给别人看的，且不说怎样去影响别人、打动别人，起码得让人饶有兴致地读下去吧。我试图从新的视角，新的写作方式，尽可能全面准确地把握写作主题，让读者从世界著名的 20 所高等学府中获取知识，从而提高自身的文化素质，学习思考问题和学术研究的新方法。在文化交流中，读者能够从本丛书中了解到世界著名大学的文化教育思想，同时可以学习借鉴这些大学教育经验的有效做法和成功经验。我知道，想到了未必能做到，更未必能做得好。这是个大问题，就算不能够起到抛砖引玉的效果、但是在编写过程中我还是做了大胆的尝试，希望读者们可以在阅读的过程中有所收获，有所启发。

本着这样的想法和初衷，经过长期的准备和编写，书稿业已完成。大学是人才荟萃、知识丰富和精神自由的地方，在大学里，每个大学生的人生都会因为环境而发生重大的转折和改变，这也是人生获取能量、积累资源最重要的时期。因此，大学生在校期间应该兼收并蓄，广泛寻求与老师、同学、校友之间的互动交流机会，从而既可获得一面立体的"镜子"，清晰地认清自己，又能获得各类精神营养的滋润，让自己拥有领袖的气质。

大学是未来领袖的摇篮，是天才的渊薮，也是一个人在走向社会之前的自我磨练的地方。在这样一个思想极度开放自由的地方，作为大学生必然会遇到各种各样的问题。在这套丛书中，我们不仅介绍各所世界名校的

发展历程、研究成果,同时我们还介绍了这些高等学府的知名校友,青少年在阅读时会从那些名人的生平事迹中有所感悟,从而影响青少年读者的人生价值观。我始终认为大学教育是一个人在成才过程中必不可少的教育阶段,在这一时期,大学生们必须要有自我发展的意识,而"未来领袖摇篮"丛书正好符合了青少年在这方面的需求。

大学有着深厚的文化积淀,其功能是培养符合社会需要的人才。尽管大学中的教学活动都是围绕专业知识的传授和学习展开的,实际上,一批又一批的青年学子始终是在学校中各种"潜在课程"、"无形学院"的培养、熏陶和影响下成长的。学知识与学做人,始终是摆在大学生面前的两件同等重要的任务。大学教育的本质在于人的教育。

高等教育的最重要目标并不是为了培养出多少具有先进知识的人才,而是在于培养具有高等素质的复合型人才。换句话说,在学生的专业知识与人格得到全面发展的同时,大学作为培养"未来领袖的摇篮"肩负着责无旁贷的重任。